Vorwärts!

In diesem Buch habe ich die 26 interessantesten Gedankenexperimente versammelt. Sie sind nicht unbedingt auch die nützlichsten, obwohl sich einige von ihnen sogar als äußerst nützlich erwiesen haben. Ich übertreibe nicht, wenn ich sage, dass die gesamte moderne Naturwissenschaft auf dem überraschend bescheidenen Fundament von einem halben Dutzend der in diesem Band enthaltenen Gedankenspiele ruht. Sie sind nicht elementarer als, sagen wir, Einsteins Relativitätstheorie und auch nicht komplizierter als zum Beispiel Sherlock Holmes in seinen genialsten Momenten. Die Naturwissenschaft beziehungsweise die naturwissenschaftliche Philosophie erhält in dieser Sammlung einen bedeutenderen Platz als alle anderen Zweige der Philosophie. Ich werde mich dafür auch nicht entschuldigen. (Nun, vielleicht ein klein wenig.) Aber viel zu oft ließen sich Menschen von den Naturwissenschaften und der Mathematik abschrecken und gingen lieber ihren Interessen auf anderen Gebieten nach. Dabei fehlte ihnen dann jedoch das nötige Rüstzeug für ihre Nachforschungen. Gleichzeitig mühen sich auf der anderen Seite viele Naturwissenschaftler – Kosmologen, Biologen, theoretische Physiker –, ihre harten Daten auf sinnvolle Weise zu ordnen, ohne die weichen Werkzeuge der Philosophie, das Nachdenken und die Vorstellungskraft, einzusetzen. Um es frei nach den Worten des berühmten Schriftstellers und Wissenschaftlers C. P. Snow auszudrücken: Die beiden Stämme müssen sich eine Hütte teilen, sonst werden die einen fett und träge und die anderen erfrieren derweil draußen in der Kälte. (Er lässt offen, welche Gruppe welches Schicksal ereilen wird, aber ich stelle mir vor, dass die Philosophen fett und träge werden.) Blinde Wissenschaft ist nichts anderes als technischer Zufall, und Philosophie ohne Grundlagen wird einfach zu einer Religion – zu einem Ausdruck rein persönlichen Glaubens.

Außerdem erzählt dieses Buch die Geschichte einer ebenso macht- wie geheimnisvollen Methode, deren sich die großen Denker, Philosophen und Wissenschaftler seit Jahrtausenden bedienen. Es ist die Geschichte der Theorien über die Welt, von der wir umgeben sind. Gedankenexperimente (oder weniger wissenschaftlich

Gedankenspiele) sind eine ganz spezielle Art von Theorie, die von genau festgelegten Ausgangsbedingungen und -situationen ausgeht und eindeutige Konsequenzen vorhersagt. Ebenso wie Experimente im Labor sind diese Tests darauf ausgelegt, intuitive Ahnungen über die Gesetze der Natur entweder zu beweisen oder zu widerlegen. Es gibt natürlich viele Experimente, die wesentlich ergebnisoffener sind, beispielsweise die, die in schlecht vorbereitetem Chemieunterricht oft durchgeführt werden, nach dem Motto: „Vermischen Sie zwei zufällig ausgewählte chemische Substanzen." Oder auch Experimente, bei denen nach langer, fleißiger, aber inspirationsloser Arbeit irgendwann zufällig doch ein nützliches Nebenprodukt entsteht. Doch es steht nirgends geschrieben, dass Gedankenexperimente nicht genauso opportunistisch sein können. Das Kennzeichen aller echten und Gedankenexperimente ist, dass die Ausgangssituation und die Bedingungen streng kontrolliert und eingeschränkt werden, damit man genau eine Unbekannte oder eine Variable untersuchen kann. Der entscheidende Unterschied liegt darin, dass die Vorbereitungen bei Gedankenexperimenten nur in der Vorstellung getroffen werden. Die Situation wird nicht hergestellt, sondern nur beschrieben, und auch die Geschehnisse werden nicht beobachtet, sondern finden nur im Geiste statt. Dennoch ist der Gedankenexperimentator (in einem richtig konstruierten Gedankenexperiment) in gewissem Sinn ebenso Zeuge wie der Wissenschaftler im Labor. Einer der großen dieser Zunft, Platon, sagte einmal, die Menschen befänden sich in der eigenartigen Lage, Dinge zu entdecken, die anscheinend immer schon existierten, die aber unentdeckt oder vergessen in den hintersten Ecken des Geistes vergraben waren und dort schlummerten.

Welches Wissen werden die fleißigsten und aufmerksamsten Leser am Ende dieses ABCs mitnehmen? Sie werden mit Sicherheit nicht wissen, wie das Universum funktioniert, und auch nicht, wie man Gehirne transplantiert, und schon gar nicht, was sie tun sollten, wenn sie sich zusammen mit Adolf Hitler in einem unterirdisch dahinrasenden Förderwagen wiederfänden und dabei wären, entweder einen berühmten Schriftsteller oder zwanzig „Indianer“ zu überfahren ... Aber vielleicht werden sie wissen, wie man langsam im Kopf derartige Fragen zu formulieren beginnt und wie man in neuen Bahnen denkt, um auf neue Antworten und sicherlich auch auf viele neue Fragen zu kommen. Vielleicht haben sie am Ende das Gefühl, die Fesseln der Höhle abgeschüttelt zu haben (siehe Szenario H), und vielleicht haben sie die bemerkenswerte Kraft des menschlichen Verstandes wiederentdeckt. Vielleicht wird für sie die Welt danach nicht mehr so sein wie vorher, wie Roger-Pol Droit in Szenario Q es fordert.

Möglicherweise ist es jetzt aber auch an der Zeit, diese Diskussion zu beenden und endlich mit den Gedankenexperimenten zu beginnen. Beim Lesen machen Sie am besten eine kurze Pause zwischen der Beschreibung des Experiments und der anschließenden Besprechung. Für Gedankenexperimente spielt die Vorstellungskraft eine große Rolle, denn sie soll ja ihre anarchische Kraft in den Dienst des Verstehens stellen.

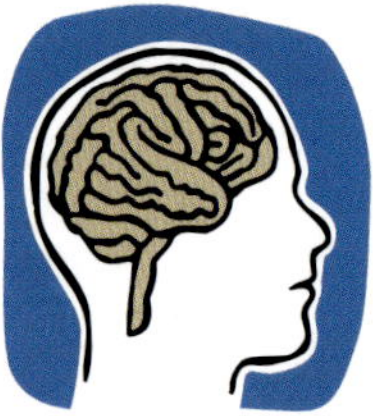

Experimente von A bis Z

A für Alice und Astronomen, die über Beschleunigung diskutieren

SPEZIALAUSRÜSTUNG: **Orangenmarmelade**

In der Geschichte *Alice im Wunderland* verschwindet Alice gleich zu Beginn „hinunter ins Kaninchenloch“:

> Der Kaninchenbau führte anfangs wie ein Tunnel geradeaus, senkte sich dann aber so plötzlich in die Tiefe, dass Alice keinen Halt mehr fand und in einen senkrechten Schacht fiel.
>
> Entweder war der Schacht unergründlich tief, oder sie fiel sehr langsam, jedenfalls hatte sie genug Zeit, Umschau zu halten und sich auf die kommenden Ereignisse gefasst zu machen.

Als Nächstes (und buchstäblich völlig aus der Luft gegriffen) bekommt Alice das berühmte Glas Orangenmarmelade zu fassen, während sie immer tiefer in den Schacht fällt:

> Abwärts, abwärts, abwärts. Hörte das denn überhaupt nicht mehr auf? „Ich möchte wahrhaftig wissen, wie viele Kilometer ich bisher gefallen bin!“, murmelte Alice. „Wahrscheinlich lande ich im Mittelpunkt der Erde.“

Doch Alice fällt und fällt, bis sie irgendwann überlegt: „Ob ich wohl quer durch die Erde falle?"

Wie bei den meisten fantastischen Schöpfungen von Lewis Carroll ist auch an diesem Kaninchenloch mehr dran, als es zunächst scheinen mag. Zur damaligen Zeit bestand großes Interesse an der Frage, was wohl mit Dingen passieren würde, die in ein Loch fallen, welches quer durch die Erde und auf der anderen Seite wieder nach draußen führt. Nicht nur gewöhnliche Leute wie Bauern und Wanderer, von denen man erwarten würde, dass sie sich darüber Gedanken machen – nein, auch so berühmte Denker wie Plutarch, Francis Bacon und Voltaire hatten sich die Zeit genommen, darüber nachzudenken.

Schließlich hatte man sehr lange geglaubt, dass das Zentrum der Erde gleichzeitig das Zentrum des Universums sei, ein geheimnisvoller Ort, von dem durchaus seltsame Dinge zu erwarten waren. Das Loch ist sogar ein Gedankenexperiment *par excellence*, wie es Camille Flammarion wohl ausdrücken würde: Der französische Astronom Flammarion verfasste zu Beginn des zwanzigsten Jahrhunderts für die Zeitschrift *The Strand* einen fantastischen Bericht darüber, komplett mit Illustrationen. (Wie Alice schon feststellte: „Was hat man von einem Buch, wenn keine Bilder drin sind?“)

Manche Forscher sehen sich an diesem Punkt wahrscheinlich bereits nach einem Spaten um, doch sie würden natürlich nur ihre Kraft vergeuden. Es tut sich hier eine Frage auf, die sich am besten im „Labor des Geistes“ untersuchen lässt.

Was würde passieren, wenn etwas – beispielsweise Alice – durch ein Loch fiele, das quer durch den Mittelpunkt der Erde verläuft?

Besprechung

Galileo Galilei gibt in seinem Werk *Dialog über die beiden hauptsächlichen Weltsysteme* (endlich) die korrekte mathematische Antwort. Ein solches Objekt würde tatsächlich hinunter ins Loch fallen, wobei die Geschwindigkeit ständig zunähme (unter Vernachlässigung des Luftwiderstands, der Erdrotation und so weiter, wie es bei Gedankenexperimenten eben üblich ist).

Obwohl jedoch die Geschwindigkeit ständig zunimmt, je näher das Objekt dem Erdmittelpunkt kommt, nimmt die Beschleunigungsrate im gleichen Maße ab, und wenn das Objekt schließlich den geheiligten Ort – das Zentrum der Erde – erreicht, ist seine Beschleunigung gleich null. Da es aber mit so hoher Geschwindigkeit unterwegs ist (30 000 km pro Stunde) und das Loch ja weiterführt, rast auch unsere fallende Alice (oder was auch immer) weiter, aber jetzt wirken alle Kräfte mit zunehmender Stärke darauf hin, sie zu verlangsamen. Taucht Alice dann schließlich am anderen Ende des Loches, das quer durch die Erde führt, auf – fällt sie geradewegs wieder hinein.

Eine interessante Anwendung dieses Prinzips findet Lewis Carroll in seinem Buch *Sylvie und Bruno*. Der deutsche Professor „Mein Herr" beschreibt die Möglichkeit, ein Loch als Tunnel für eine Eisenbahnstrecke zu verwenden, die zwei auf der Oberfläche weit voneinander entfernte Städte auf geradem Weg durch die Erdkruste verbindet. (In diesem Fall muss die Strecke aber nicht unbedingt in die Nähe des Erdkerns führen.) Da die Gleise vollkommen gerade von einer Stadt zur anderen verlaufen und da die Mitte der Strecke näher am Erdmittelpunkt liegt als die Eingänge des Tunnels, lässt sich die reibungsfreie Bahn (vielleicht eine Magnetschwebebahn) allein mit Schwerkraft betreiben. Auf dem

Weg nach unten zur Mitte der Strecke sammelt sie unterwegs so viel Schwung, dass sie auf der anderen Seite bis zum Eingang des Tunnels nach oben getragen wird.

Und es kommt noch seltsamer: Die Reise in einer solchen Bahn würde immer genau gleich lang dauern, gleichgültig zwischen welchen Städten die Route verläuft. Selbst eine Fahrt mitten durch den Erdkern, beispielsweise von London nach Sydney, würde nicht mehr Zeit in Anspruch nehmen als die vergleichsweise kurze Reise von Paris nach Moskau, um nur ein Beispiel zu nennen. Für jede solche Reise müsste man im Fahrplan genau 43 Minuten veranschlagen.

B für die bewegungslose Kette in Ernst Machs Gedankenexperiment

SPEZIALAUSRÜSTUNG: **dreieckig geformter Eisblock, Kanonenkugeln, Draht**

Die erste Verwendung des Begriffs „Gedankenexperiment“ wird Ernst Mach zugeschrieben – er selbst experimentierte tatsächlich sehr eifrig mit Gedanken aller Art. In seinem Werk *Die Mechanik in ihrer Entwicklung* (1883) legte er seine Auffassung dar, dass der Mensch einen großen Vorrat an „instinktivem Wissen“ besitze, auf den er zurückgreifen und zu dem er Neues hinzufügen könne, ohne sich dessen bewusst zu sein.

Sein Lieblingsbeispiel war das (technisch betrachtet) eher unwahrscheinliche Szenario einer Kette, die über ein reibungsfreies rechtwinkliges Dreieck gelegt wird. Wir können das aber noch ein wenig aufregender gestalten. Ich ersetze die Kette durch eine etwas spannendere Reihe von lauter gleich schweren Kanonenkugeln, die durch Drahtstücke miteinander verbunden werden. Das Ganze wird nun ebenfalls vorsichtig so über einen (immer noch beinahe reibungsfreien) Eisblock drapiert, dass sich die beiden Enden der Kanonenkugelkette auf gleicher Höhe befinden. Um etwas Melodrama heraufzubeschwören, stellen wir uns vor, dass der Experimentator unter dem einen Ende der Kette aus Kanonenkugeln stehen muss und dabei inständig hofft, dass sich seine Theorie als richtig erweisen möge.

An Ernst Mach nagt der Zweifel, während er da so schwitzt: Wird sich die steile Neigung der einen Seite des Eisblocks stärker auf die Kette auswirken als die deutlich höhere Anzahl der Kanonenkugeln auf der anderen Seite?

Wie kann Mach sicher sein, dass ihm nichts passiert?

Besprechung

Er stellt sich vor, er habe noch ein paar Kettenglieder hinzugefügt und geduldig gewartet, bis das System zur Ruhe gekommen sei, bevor er seinen Kopf riskierte. Nun werden einige Dinge schlagartig klar.

Was ist klar? Nun, wir können die mit Drahtstücken verbundenen Kanonenkugeln unterhalb der Horizontalen an beiden Seiten einfach abhängen, weil sie keine Wirkung auf die Kanonenkugeln auf dem Eisblock ausüben. Weder im ursprünglichen Szenario noch in unserer Versuchsanordnung kann sich eines der Kettenenden bewegen, denn wenn das geschähe, hätten wir ein Perpetuum mobile geschaffen – ja, schlimmer noch, eine dauerhaft Bewegung erzeugende Maschine. So wünschenswert dies einerseits wäre, so beleidigend wäre eine solche Annahme andererseits für die Gesetze der Physik und für den gesunden Menschenverstand. Nachdem aber nun die überflüssigen Kugeln unterhalb der Grundlinie des Dreiecks entfernt wurden, wird noch etwas klar – und das ist das Nützliche daran! Es besteht nicht nur eine Beziehung zwischen der Anzahl der Kugeln auf beiden Seiten des Dreiecks, sondern es ist auch offensichtlich, dass deren Gewicht auf beiden Seiten des Dreiecks in demselben Verhältnis zueinander steht wie die Längen der beiden Seiten.

Mach bemerkte hierzu in *Die Mechanik in ihrer Entwicklung*, dass wir hier die Schlussfolgerung ohne den geringsten Einwand akzeptieren, obwohl uns das Gesetz zweifelhaft erschiene, wäre es als einfaches Resultat eines Experiments präsentiert worden.

Unser tapferer Experimentator kann sich also sicher und wohlbehalten im Sessel zurücklehnen.

C für die Chinesische Mauer und eine rückwärtsgerichtete Geschichtsschreibung

SPEZIALAUSRÜSTUNG: **ein Päckchen Nägel**

Die Chinesische Mauer ist eines der Wunderwerke des Altertums, ein „schlafender Drachen", der sich in gemächlichen Windungen vom einen Ende des Riesenreichs zum anderen erstreckt. Angeblich sieht man sie sogar aus dem Weltraum und ihre Steine würden ausreichen, um eine Mauer von etwas konventionelleren Ausmaßen rund um den gesamten Äquator zu bauen.

Aber was wäre, wenn die Chinesen keine so überdimensionale Mauer gebaut hätten?

Es handelte sich schließlich um ein wahnwitziges Unternehmen, in finanzieller Hinsicht vielleicht vergleichbar mit dem ungeheuren Aufwand, den die USA nach dem Zweiten Weltkrieg zum Aufbau ihres riesigen Waffenarsenals trieben. (Ein konservativer Historiker könnte aus diesem Gedanken sicher etwas machen.) Es wäre wesentlich plausibler, wenn die Mauer nie gebaut worden wäre.

Qin Shi Huang, der Erste Kaiser, legte dennoch im dritten vorchristlichen Jahrhundert den Grundstein zum Bau der Mauer als Mittel zur Vereinigung des „Reichs der Mitte". Wahrscheinlich brachte sie ihm den finanziellen Ruin, aber nachfolgende Herrscher erweiterten sie dennoch ohne Rücksicht auf Verluste. Sie sollte einerseits die Hunnen aussperren und andererseits eine wertvolle Handelsroute sichern, denn sie bildete den Schlüssel zur Seidenstraße. Die Abschnitte, die heute noch existieren, sind allerdings meist jüngerer Herkunft. Sie wurden während der Ming-Dynastie (1368-1644) erbaut, die sie als Verteidigungswall gegen die blutrünstigen Mongolen brauchte.

Schriftliche Beweise zeugen von ihrer Wirksamkeit als Schutz gegen Überfälle: Es wurde aufgezeichnet, wie viele Angriffe erfolgreich abgewehrt werden konnten. Niemals gelang es den Feinden, eine Grenzbefestigung einzunehmen und sie gegen die Verteidiger einzusetzen. Zu Zeiten schwacher Zentralregierungen schwand allerdings die Loyalität der Grenzbevölkerung und die Verteidigungsanlagen bröckelten, sodass die Invasoren bei mindestens zwei Gelegenheiten erfolgreich waren.

Ohne die Große Mauer wäre wahrscheinlich die chinesische Kultur mit ihren zahlreichen Erfindungen niemals erblüht. Und sollte jemand hier im Westen nun einfach mit den Schultern zucken, müsste man ihn darauf aufmerksam machen, dass es in diesem Fall auch kein geistiges Erbe gegeben hätte, das der Westen so schamlos hätte plündern können.

Praktische Erfindungen wie der eiserne Pflug, das erste wirklich brauchbare Pferdegeschirr (und der Steigbügel) oder auch die ungeheuer effektive „Sämaschine" – sie alle haben ihren Ursprung in China. Außerdem sind da noch die Kettenpumpe, die Hängebrücke, der Riemenantrieb und die Kernelemente der Dampfmaschine, ganz zu schweigen von den ersten mechanischen Uhren, den Schiffsrudern, den wasserdichten Kammern sowie die (allgemein bekannteren) Erfindungen wie Kompass, Papier und Schießpulver. Auch nicht zu vergessen sind theoretische und praktische Werke über Astronomie, Medizin, Buchdruck, Mathematik und – *last, but not least* – Philosophie.

Ohne die Große Mauer – wären da nicht mit schöner Regelmäßigkeit Horden von Barbaren über die chinesische Landschaft hinweggefegt, die die Städte auf das kulturelle Niveau der nördlichen Steppen zurückgestutzt hätten, wo das Polospiel mit den Köpfen besiegter Feinde den Gipfel der kulturellen Errungenschaften darstellte?

Möglicherweise ist das jetzt ein kleiner Schock, aber könnte es nicht sein, dass ohne die Große Mauer weder das antike Griechenland noch die Philosophie jemals erblüht wären?

Besprechung

Die Geschichte hat sich als fruchtbarer Boden für diese Art von Fantasiegespinsten erwiesen. Historiker benutzen ihre Vorstellungskraft nicht nur zur kreativen Auslegung von Tatsachen und auch nicht nur zur heimlichen Erfindung fehlender Fakten, sondern heutzutage vor allem für eine eher „literarische" Übung, nämlich die Gestaltung neuer historischer Erzählungen. Die (für uns) interessanteste und wohl auch am besten strukturierte Form dieser Ausführungen ist die kontrafaktische historische Erzählung.

Es handelt sich um Geschichten, die gerne so authentisch erscheinen wie Tatsachenberichte, selbst wenn das, wovon sie handeln, nie eingetreten ist. Sie beschreiben die Dinge, wie sie hätten sein können. Was wäre, wenn die Griechen die Schlacht bei Marathon verloren hätten? Wenn Hitler den Krieg gewonnen hätte? Wenn Menschen gegen Fleisch allergisch wären? Oder wenn das Experiment des Kommunismus im 20. Jahrhundert erfolgreich verlaufen wäre?

Philosophen beschäftigen sich seit Langem mit einer kniffligen Frage, die da lautet: „Was ist möglich und was ist, im Gegensatz dazu, von vornherein völlig unmöglich?“ Viele von ihnen vertreten dabei die Ansicht, dass alles Mögliche bereits in gewissem Sinn Teil der Welt des Existierenden ist. Ebenso gibt es aber auch Philosophen, die in absolutem Gegensatz dazu behaupten, dass „Tatsachen“ immer vom Menschen erschaffen werden und daher keine große Bedeutung haben. Nur Dinge, die sich selbst widersprechen, müssen beachtet und – falls es sich um kontrafaktische Geschichten handelt – unbedingt gemieden werden.

Wirtschaftswissenschaftler interpretieren die Frage nach dem Möglichen als dynamisch. Die Antwort hängt von der Identifizierung verschiedener stabiler Zustände der Wirtschaft ab. Marx und Engels gründeten ihren wissenschaftlichen

Materialismus auf die Voraussetzung, dass die Geschichte einem unabänderlichen Muster folge. In einem Brief im Jahr 1894 schrieb Engels, Gesellschaften würden von der Notwendigkeit regiert, deren Gegenstück und Ausdrucksform der Zufall sei. Auch heute noch erkennen viele ein Muster – in der Regel einen Fortschritt – in der Folge der historischen Ereignisse, auch wenn sie den Marxisten ihren Traum nicht mehr zugestehen. (Allerdings existiert hierzu auch eine wichtige Gegenströmung von Jean-Jacques Rousseau bis Karl Popper, die diese Form von „Historizismus" beklagt und sie als Introversion und Selbstgefälligkeit schmäht.)

Auch Geografen zeigen eine ähnliche Denkweise, wenn sie beispielsweise argumentieren, dass die Erde möglicherweise in den vereisten Zustand zurückkehren wird, weil Eis und Schnee das Sonnenlicht zurück in den Weltraum reflektieren, oder wenn sie im Gegenteil über das Ansteigen der globalen Temperaturen spekulieren.

Die Kunst einer gelungenen kontrafaktischen Erzählung besteht nun nicht darin, einen ungewöhnlichen Ausgangspunkt festzulegen und dann ebenso bizarre Schlussfolgerungen zu ziehen. Sie liegt vielmehr darin, von einem ungewöhnlichen Ausgangspunkt ausgehend möglichst plausible Konsequenzen auszumalen. Dem Ganzen liegt der Gedanke zugrunde, dass in der Geschichte – ebenso wie in der Wirtschaft, beim Klimawandel oder wobei auch immer – unbedeutende Ereignisse schwerwiegende Folgen auslösen können. Wenn man diese dann in der Fantasie gründlich erforscht, wird unser Verständnis von den umfassenderen greifbaren und zeitlosen Mechanismen der Welt durch die Wirkungen des kleinen, imaginären Ereignisses zunächst offengelegt und dann erweitert.

George Herberts kleines Liedchen über den Pferdehuf fasst diesen Ansatz anschaulich in Worte:

Ohne Nagel ist der Huf verloren,
Ohne Huf ist das Pferd verloren,
Ohne Pferd ist der Reiter verloren,
Ohne Reiter ist die Schlacht verloren,
Ohne die Schlacht ist der Krieg verloren,
Und alles nur, weil der Hufnagel fehlte.

Es vermittelt das angenehme Gefühl einer gelungenen kontrafaktischen Geschichte: eine Kleinigkeit, die, wie ein Schriftsteller es einmal ausdrückte, ein wenig wie ein Weichensteller im 19. Jahrhundert wirkt. Mit einem kaum spürbaren Ruck lenkt sie den Lauf der Geschichte von dem einen Gleis auf ein anderes. Aber zurück zu unserer „Weiche“, der Großen Mauer, und zu den möglichen Folgen ihrer Nicht-Existenz. Wäre die Zivilisation ohne sie tatsächlich entgleist?

Man ist vielleicht versucht zu sagen, sie wäre zwar wohl „verzögert“ worden, aber nicht „entgleist“. Einer der bedeutendsten Historiker, R. H. Tawny, schrieb jedoch einmal, die Geschichte verleihe dem Geschehen den Anschein der Unvermeidlichkeit, indem sie die triumphierenden Kräfte in den Vordergrund rücke, während sie die Kräfte, die von den Ereignissen zunichte gemacht wurden, in den Hintergrund dränge. Vielleicht ist es so, dass die Existenz der Großen Mauer in diesem Fall die Tendenz der Menschheit zunichte gemacht hat, ihre größten Leistungen zu zerstören.

D für den Maxwellschen Dämon

SPEZIALAUSRÜSTUNG: **zwei Kammern, von denen eine mit warmer, die andere mit kalter Luft gefüllt ist, und ein winziger Dämon**

Im Jahr 1871 wollte James Clerk Maxwell die Idee widerlegen, dass Wärme unmöglich von einem kühleren auf einen wärmeren Körper übertragen werden kann, ohne dass dafür Energie oder Arbeit aufgewendet werden muss. Diese Vorstellung war damals die Grundlage des 2. Hauptsatzes der Thermodynamik.

Maxwell dachte sich einen kleinen Dämon aus, der eine winzige Tür bedient, die sich in einem Gefäß zwischen einer mit warmer Luft gefüllten Kammer und einer mit kalter Luft gefüllten Kammer befindet. Wenn nun dieser Dämon jedes schnell bewegliche Teilchen aus der Kammer mit kalter Luft in die warme Kammer hineinschlüpfen ließe, während gleichzeitig immer ein sich langsam bewegendes Teilchen aus der Kammer mit warmer Luft in die Kammer mit kalter Luft wanderte, würde mit der Zeit die kühle Kammer noch kälter und die warme Kammer noch wärmer werden – das alles ohne jegliche „Arbeit" und daher in vollständigem Widerspruch zum 2. Hauptsatz der Thermodynamik.

Doch könnte der Dämon dies tatsächlich bewerkstelligen?

Besprechung

Ja, das könnte er. In Maxwells Augen bedeutete dies jedoch nicht, dass der Hauptsatz falsch ist oder Unrecht hat, sondern nur, dass er lediglich statistisch wahr ist. Der „Hauptsatz" beschreibt tatsächlich den Zustand der Welt, aber eben nur als einen Zustand von sehr hoher Wahrscheinlichkeit, nicht als absolut notwendigen Zustand.

Ähnlich wie Maxwell beschrieb der französische Physiker G. L. Gouy, wie sich aus einer anscheinend willkürlichen Bewegung von Partikeln, wie sie beispielsweise im Zigarettenrauch zu beobachten ist, ein Perpetuum mobile konstruieren ließe. (Diese Art der Bewegung wird in der Physik als „Brownsche Molekularbewegung" bezeichnet.)

1888 schreibt er, es sei auf jeden Fall sicher, dass an diesen Partikeln Arbeit verrichtet wird, gleichgültig welche Vorstellung man von dem Grund haben möge, der die Bewegung verursacht, und man könne sich einen Mechanismus vorstellen, durch den ein Teil dieser Arbeit möglicherweise verfügbar gemacht werde. Man stelle sich beispielsweise vor, einer dieser festen Partikel wäre an einem Sperrrad aufgehängt, und zwar an einem Faden, dessen Durchmesser sehr viel geringer sei als der des Partikels. Impulse in eine bestimmte Richtung würden dann das Rad weiterdrehen und wir könnten die Arbeit abschöpfen.

Dieser Mechanismus sei eindeutig nicht praktikabel, schreibt Gouy weiter, aber theoretisch gebe es keinen Grund, warum er nicht funktionieren sollte. Er könnte auf Kosten der Wärme des ihn umgebenden Mediums Arbeit produzieren.

Auch zahlreiche andere „Gesetze" sind nur statistisch betrachtet wahr, beispielsweise die Gesetze der Wirtschaft, aber zu viele Leute neigen anscheinend zu der Ansicht, dass gerade die physikalischen Gesetze so unerschütterlich und rein seien wie die Lehrsätze der Geometrie. Zumindest der 1. Hauptsatz der Thermodynamik scheint dieser Vorstellung immerhin zu entsprechen. Schlimmer ist jedoch, dass die Gesetze der Thermodynamik aus irgendeinem unerklärlichen Grund außerhalb der naturwissenschaftlichen Gemeinde überhaupt nicht bekannt sind. (Der berühmte Schriftsteller und Naturwissenschaftler C. P. Snow merkte einst in einem bekannten Aufsatz mit dem Titel *Die zwei Kulturen* an, dass Geisteswissenschaftler jedes Mal mitleidig lächelten, wenn sie hörten, dass ein Naturwissenschaftler ein wichtiges Werk der englischen Literatur noch nie gelesen habe, und ihn sofort als ungebildeten Spezialisten abqualifizierten. Da Snow sich dadurch provoziert fühlte, habe er seinerseits häufig zurückgefragt, wie viele von den Geisteswissenschaftlern den 2. Hauptsatz der Thermodynamik erklären könnten. Die Antwort sei unweigerlich ebenso kalt wie negativ ausgefallen, und dabei fragte er damit doch nach einer Sache von durchaus vergleichbar grundlegender Bedeutung.)

Nun, der 1. Hauptsatz der Thermodynamik lautet, dass die Gesamtmenge an Energie im Universum konstant ist. Jede Veränderung ist nur eine Umwandlung einer Energieform (beispielsweise Kohle) in eine andere (beispielsweise Wärme oder Licht). Der 2. Hauptsatz, mit dem der Dämon hier so diabolisch spielt, betrifft die Entropie, also die Tatsache, dass die Unordnung in einem System nur durch Eingriffe von außen reduziert werden kann. (Man kann erwarten, dass ein Ei zerbricht, wenn man es auf den Boden fallen lässt, aber man kann nicht erwarten, dass es sich von selbst wieder zusammenfügt.) Könnte man ihn außer Kraft setzen, wäre das eine Sensation – da die Entropie nichts anderes ist als der „Zeitpfeil", wäre der Dämon damit der Herrscher über die Zeit.

Könnte es nun also der Dämon tatsächlich bewerkstelligen? Viele versuchten bisher, ihm diese Fähigkeit abzusprechen und einen Sinn für kosmischen Anstand zu bewahren. Sie argumentierten beispielsweise, dass bereits die Sammlung von Informationen über die Geschwindigkeit von Partikeln eine Arbeit sei, sodass der Dämon trotz all seiner diabolischen Absichten den 2. Hauptsatz ungebrochen respektiere. Aber ich stelle mir vor, wie der Dämon über sie lacht und hämisch ruft: „Ist doch kinderleicht!", während er *intuitiv* die winzige Tür immer wieder öffnet und schließt ...

E für die Evolution und ein elendes Problem

SPEZIALAUSRÜSTUNG: **ein Planet, auf dem Leben möglich ist**

Darwin stellte die Frage, ob das Prinzip der Selektion, das der Mensch so erfolgreich nutzt, wohl auch in der Natur Anwendung finden könne. Und nach einigen gelehrten Abhandlungen über Giraffen mit langen Hälsen und ähnliches Getier fährt er fort:

> Um klar zu machen, wie nach meiner Meinung die natürliche Zuchtwahl wirke, muß ich um die Erlaubnis bitten, ein oder zwei erdachte Beispiele zur Erläuterung zu geben. Denken wir uns zunächst einen Wolf, der von verschiedenen Tieren lebt, die er sich teils durch List, teils durch Stärke und teils durch Schnelligkeit verschafft, und nehmen wir an, seine schnellste Beute, eine Hirschart z. B., hätte sich infolge irgendeiner Veränderung in einer Gegend sehr vervielfältigt, oder andere zu seiner Nahrung dienende Tiere hätten sich in der Jahreszeit, wo sich der Wolf seine Beute am schwersten verschaffen kann, sehr vermindert.

Darwins Antwort fällt hier sehr deutlich aus:

> Unter solchen Umständen hätten die schnellsten und schlanksten Wölfe am meisten Aussicht auf Fortkommen und somit auf Erhaltung und Verwendung zur Nachzucht ...
> (*Über die Entstehung der Arten*, 1859)

Das Vorurteil gegenüber dicken Wölfen ist unbegründet, und es gibt noch ein anderes Problem in Darwins Theorie. Fleeming Jenkins von der Universität von Edinburgh wies umgehend darauf hin, dass die Annahme, dass solche Eigenschaften vererbbar seien, sehr zweifelhaft ist. Die Natur fördert solche individuellen Unterschiede in der Regel nicht, sondern neigt im Gegenteil dazu, sie auszumerzen. Wenn der schnellste, schlankste Wolf ein seltener Mutant ist, wird diese Eigenschaft, so vorteilhaft sie auch sein mag, im Zuge der Kreuzung aussterben.

Bedeutet dies das Ende der Evolution?

Besprechung

In späteren Ausgaben seines Werkes *Über die Entstehung der Arten* nimmt Charles Darwin ein paar kleine, aber bedeutsame Änderungen vor. Er verlagert die Betonung von der individuellen auf die kollektive Wirkung und schreibt nun:

> Dieser Tatsachen eingedenk, darf man annehmen, daß unter gewissen Umständen individuelle Verschiedenheiten in der Länge und Krümmung des Rüssels usw., wenn auch viel zu unbedeutend für unsere Wahrnehmung, dadurch von Nutzen für eine Biene oder ein anderes Insekt sein können, daß gewisse Individuen imstande sind, ihr Futter schneller zu erlangen als andere; die Stöcke, zu denen sie gehören, würden daher gedeihen und viele, dieselben Eigentümlichkeiten erbende Schwärme ausgehen lassen.

Der Kampf ist hiermit beendet. Ein Gedankenexperiment führte dazu, dass Darwin seine Theorie wesentlich veränderte und verbesserte. Sie musste sich im wahrsten Sinne des Wortes entwickeln, um zu überleben.

F für die Farbschattierungen von David Hume

SPEZIALAUSRÜSTUNG: **Farbpalette**

David Hume bringt uns goldene Berge und eine Welt ohne Schmerzen, in der es nur unterschiedliche Grade des Glücks gibt. Außerdem liefert er noch mehrere eher technische Experimente im Bereich der Wirtschaftswissenschaften. Wir konzentrieren uns hier auf seine Blauschattierungen.

Nehmen wir an, ein Mensch hätte schon viele Farben gesehen, aber noch niemals eine ganz bestimmte Schattierung der Farbe Blau. Hume erklärt:

> Man lasse ihm alle verschiedenen Abstufungen dieser Farbe, außer der einen, vorlegen, allmählich absteigend von der dunkelsten bis zur hellsten, so wird er offenbar dort eine Lücke bemerken, wo diese Farbstufe fehlt, und empfinden, daß an jener Stelle ein größerer Unterschied zwischen den benachbarten Farben ist als an irgendeiner anderen Stelle.

Ist es in diesem Fall nicht möglich, dass der Mensch „mittels seiner Einbildungskraft" die Vorstellung dieser bestimmten Farbstufe erzeugen kann, „obgleich sie ihm niemals durch seine Sinne zugetragen worden war"?

Dieses Experiment scheint die Theorie zu widerlegen, dass „einfache Vorstellungen" wie die der Farbe Blau notwendigerweise durch Erfahrung erworben werden müssen – eine Theorie, die Hume selbst vertrat. Hume verwirft aber dieses Beispiel als zu „vereinzelt", als dass man deshalb die allgemeine Theorie aufgeben müsste.

Trägt nun Hume aber Scheuklappen?

Besprechung

Humes Einstellung zu Gedankenexperimenten scheint etwas zwiespältig gewesen zu sein. Er schwankte anscheinend vor allem bei der Frage, wann man nicht plausible Szenarien verwerfen und wann man sie verwenden sollte. In seinem Essay *Über die Handelsbilanz* stellt er sich beispielsweise vor, dass vier Fünftel des Staatsvermögens über Nacht vernichtet werden! Eine schockierende Annahme, die auch kaum dadurch gemildert wird, dass er ein andermal annimmt, dass sich das Vermögen des Staates plötzlich um das Fünffache vermehrt. Hume argumentiert, dass sich in beiden Fällen einfach die Preise an die veränderte Geldmenge anpassen, sodass die Veränderung nicht ganz so interessant und dramatisch ist, wie sie zunächst erscheint. Diese Experimente führten Hume zu dem Schluss, dass es insgesamt auf das Verhältnis zwischen Geldmenge und Preisen ankomme und dass daher eine weise Regierung ihre Aufmerksamkeit stärker auf die Förderung des Wohlstands ihrer Bürger und Unternehmen richtet und weniger auf den „Schutz" ihrer Währung. Eine Regierung habe guten Grund, mit Sorgfalt auf das Wohlergehen ihrer Bevölkerung und ihrer Unternehmen zu achten. Ihr Geld könne sie unbesorgt, ohne Furcht und ohne Eifersucht, dem Lauf der menschlichen Geschäfte anvertrauen.

An anderer Stelle stellt Hume sich eine Welt vor, in der das Gold vernichtet wird. Seine Rolle, so sagt er, werde dann augenblicklich von einem anderen Edelmetall übernommen, und wenn es keine geeigneten Metalle gäbe, könnten auch glänzende Perlen oder interessant geformte Steine an seine Stelle treten.

Aber nun folgen Humes eigene Worte zum Thema der „Blauschattierungen“ im zweiten Abschnitt seines Werks *Eine Untersuchung über den menschlichen Verstand*. Zu Beginn will er mit dem wunderschönen goldenen Berg demonstrieren, dass alle unsere Ideen auf Erfahrungen der Sinne zurückgeführt werden können, und dann folgt seine Herausforderung:

> Denken wir uns einen goldenen Berg, so verbinden wir nur zwei vereinbare Vorstellungen, *Gold* und *Berg*, die uns von früher bekannt sind. Ein tugendhaftes Pferd können wir uns vorstellen, weil wir uns aus unserem eigenen Gefühl die Tugend vorstellen können; und diese können wir mit Gestalt und Aussehen eines Pferdes in Verbindung bringen, das ja ein uns vertrautes Tier ist. Kurz gesagt, der ganze Stoff des Denkens ist entweder aus der äußeren oder der inneren Sinnesempfindung (outward or inward sentiment) abgeleitet: Aufgabe des Geistes und des Willens ist einzig und allein ihre Mischung und Zusammensetzung. Oder, um mich philosophisch auszudrücken: Alle unsere Vorstellungen oder schwächeren Perzeptionen sind Abbilder unserer Eindrücke oder lebhafteren Perzeptionen.
>
> ... Selbst solche Vorstellungen, die – auf den ersten Blick – von diesem Ursprung sehr weit entfernt scheinen, zeigen sich bei näherer Prüfung als aus ihm

stammend. Die Vorstellung Gottes, in der Bedeutung eines allwissenden, allweisen und allgütigen Wesens, entsteht aus der Besinnung auf die Operationen unseres eigenen Geistes und die grenzenlose Steigerung dieser Eigenschaften der Güte und Weisheit. Mögen wir diese Untersuchung auch noch so weit fortführen, immer werden wir finden, daß jede Vorstellung, die wir prüfen, einem entsprechenden Eindruck nachgebildet ist. Diejenigen, die behaupten wollen, dass dieser Satz nicht allgemein und ausnahmslos wahr sei, haben nur eine, und zwar leichte Methode zu seiner Widerlegung – indem sie nämlich jene Vorstellung vorweisen, die – nach ihrer Meinung – nicht aus dieser Quelle stammt. Uns wird es dann obliegen, zur Aufrechterhaltung unserer Lehre jenen Eindruck oder jene lebhafte Perzeption aufzuzeigen, die ihr entspricht.

Hier unterbricht Hume, um das allgemeine Thema zu wiederholen. Dabei unterlaufen ihm ein paar zweifelhafte Verallgemeinerungen:

Wenn zufällig jemand, wegen eines organischen Fehlers, für irgendeine Art der Wahrnehmung nicht empfänglich ist, so stellen wir stets fest, daß er ebensowenig empfänglich ist für die entsprechenden Vorstellungen. Ein Blinder kann sich keinen Begriff von Farben, ein Tauber keinen von Tönen machen. Man stelle jedem von beiden den fehlenden Sinn wieder her, und indem man diesen neuen Zugang für seine Wahrnehmungen öffnet, öffnet man auch einen Zugang für die Vorstellungen, und es macht keine Schwierigkeit, sich diese Gegenstände vorzustellen.

Wir lassen hier die politisch unkorrekten Beispiele des „Lappen oder Negers", der „keinen Begriff vom Geschmack des Weines" hat, und des „Sanftmütigen", der „sich keine Vorstellung von tief verwurzelter Rache oder Grausamkeit" machen kann, einfach beiseite, ebenso wie das Beispiel des „Egoisten", der sich kaum „die höchsten Stufen von Freundschaft und Edelmut" vorstellen kann. Doch nun greift Hume seine eigene Herausforderung wieder auf.

Allerdings gibt es eine gegensätzliche Erscheinung, die beweisen könnte, daß es Vorstellungen nicht völlig unmöglich wäre, unabhängig von ihren entsprechenden Eindrücken zu entstehen. Man wird, wie ich glaube, ohne weiteres zugeben, daß die verschiedenen deutlichen Vorstellungen von Farbe, die durch das Auge eingehen, oder von Tönen, die durch das Ohr vermittelt werden, sich tatsächlich voneinander unterscheiden und sich dennoch ähnlich sind. Wenn das aber für verschiedene Farben zutrifft, kann es nicht weniger zutreffend sein für die verschiedenen Schattierungen derselben Farbe; jede Schattierung erzeugt eine von den übrigen unabhängige bestimmte Vorstellung ...

Angenommen nun, ein Mensch habe sich dreißig Jahre lang seines Augenlichtes erfreut und sei völlig vertraut geworden mit Farben aller Art außer z. B. einer bestimmten Abstufung des Blau, die ihm zufällig niemals begegnet ist. Man lasse ihm alle verschiedenen Abstufungen dieser Farbe, außer der einen, vorlegen, allmählich absteigend von der dunkelsten bis zur hellsten, so wird er offenbar dort eine Lücke bemerken, wo diese Farbstufe fehlt, und empfinden, daß an jener Stelle ein größerer Unterschied zwischen den benachbarten Farben ist als an irgendeiner anderen Stelle. Ich frage nun, ob es ihm mittels seiner eigenen Einbildungskraft möglich sein wird, dieses Fehlende zu ergänzen und sich die Vorstellung dieser besonderen Farbstufe zu erzeugen, obgleich sie ihm niemals durch seine Sinne zugetragen worden war?

Ich glaube, es gibt nur wenige, die der Meinung sind, er könne das nicht; und das kann als Beweis dafür dienen, dass die einfachen Vorstellungen nicht immer in jedem Falle von den entsprechenden Eindrücken abgeleitet werden. Dieser Fall ist jedoch so vereinzelt, daß er kaum unserer Beachtung wert ist und es nicht verdient, daß wir allein seinetwegen unseren allgemeinen Grundsatz ändern.

Dieses Gedankenexperiment wurde zwar häufig diskutiert, ist aber eigentlich wenig aussagekräftig. (Die wirtschaftswissenschaftlichen Experimente sind wesentlich zwingender.) Selbst wenn wir (vorschnell) akzeptieren würden, dass jede Farbe ein eigenes Konzept darstellt, warum sollte das aber für jeden einzelnen Farbton gelten? Und selbst wenn wir auch diese ordentliche Einteilung durchgehen ließen, warum sollte es nicht möglich sein, eine bestimmte Farbschattierung ebenso zusammenzusetzen wie ein goldenes Pferd oder tugendhafte Berge? Sollen wir wirklich damit übereinstimmen, dass jeder Farbton – wie Hume es behauptet – eine eigene Vorstellung produziert, die unabhängig von allen anderen ist?

Es ist sehr aufschlussreich, wie skeptisch Hume selbst dem Ergebnis seines Gedankenexperiments gegenübersteht. Er ist nicht bereit, seine sorgfältig konstruierte Theorie zu zerlegen, nachdem er nunmehr ein Hindernis zu viel aufgedeckt hat, sondern wischt vielmehr das störende Beispiel als unbedeutend vom Tisch. Das ist genau das Gegenteil von dem, was Thomas Kuhn später allen guten Wissenschaftlern raten wird. Kuhn behauptete im 20. Jahrhundert, dass die Wissenschaft in ihren Erkenntnissen sprunghaft und unstetig voranschreite. Theorien werden ausgearbeitet und wetteifern miteinander, bis sie wieder verworfen werden müssen, weil sie mit unauflösbaren Widersprüchen konfrontiert werden. Unsere materialistische Weltsicht, nach der die Wissenschaft langsam und sorgfältig fortschreitet, als Ergebnis geduldiger Forschung und Erfindung, wobei sich jedes neue Wissensbröckchen exakt in das bestehende Gebäude einfügt, ist weit von der Wirklichkeit entfernt. In Wahrheit schlingert die Erkenntnis von einem Zustand zum nächsten – sie durchläuft „Paradigmenwechsel", wie Kuhn es in seinem Werk *Die Struktur wissenschaftlicher Revolutionen* ausdrückt.

Kuhn war der Meinung, dass Gedankenexperimente sehr gut zu seinem Ansatz passten, da man mit einem guten Experiment genau diese Art des „Paradigmenwechsels" erleben kann, bei dem die Annahmen von Grund auf überdacht werden müssen. Und möglicherweise zwingen sie uns dann (im Gegensatz zu David Hume), stattdessen einen vollkommen neuen Ansatz auszuprobieren.

G für Galileo Galileis Kugeln

SPEZIALAUSRÜSTUNG: **Kugeln, ein schiefer Turm**

Eines der bekanntesten Experimente war gleichzeitig auch eines der einfachsten. Der berühmte Astronom Galileo Galilei (1564–1642) bestieg den Schiefen Turm von Pisa, lehnte sich über die Brüstung und ließ zwei Kugeln fallen. Eine Kugel war groß und schwer, die andere klein und leicht. Dann beobachtete er, welche von beiden zuerst am Boden aufschlug.

Galilei dachte dabei an ein Gesetz des Aristoteles, das besagt, dass schwere Gewichte eine bestimmte Fallhöhe schneller zurücklegen als leichte Gewichte. Das Verhältnis der Gewichte entspreche darüber hinaus genau dem Verhältnis der Dauer des Falls. Wenn beispielsweise ein bestimmtes Gewicht eine bestimmte Zeit brauche, so werde ein doppelt so schweres Gewicht in der Hälfte dieser Zeit ankommen (nachzulesen in *Vom Himmel (De Caelo)*, Buch I, vi, 274a).

Welche Kugel prallte also zuerst am Boden auf – und mit welcher Geschwindigkeit?

Besprechung

Es sieht so aus, als wäre es zumindest für Aristoteles höchste Zeit, tatsächlich einmal die anstrengende Besteigung des Turms auf sich zu nehmen. Doch Galilei brauchte das Experiment nicht einmal durchzuführen. Er spielte den Vorgang im Geiste durch, denn es gibt nur drei Möglichkeiten: Die beiden Kugeln fallen gleich schnell, die schwere Kugel fällt schneller als die leichte oder die leichte Kugel fällt schneller als die schwere.

Aber angenommen, wir binden die beiden Kugeln mit einer Schnur aneinander?

Sagen wir, dass schwere Objekte schneller fallen als leichte. Dann müsste das schwerere Gewicht fallen und das leichtere Gewicht würde ein wenig wie ein Fallschirm fungieren. Die beiden Kugeln fallen zusammen also langsamer als das schwere Gewicht alleine.

Andererseits addiert sich das Gewicht der beiden Kugeln, sobald sie mit der Schnur verbunden sind und über die Brüstung gehalten werden. Sie sind also zu einem größeren Gewicht geworden. Galilei fühlt das, sobald er das kleine Gewicht, an dem das große baumelt, hochhebt. Wenn er die verbundenen Gewichte loslässt, müssten sie daher sogar noch schneller fallen als das schwere Gewicht alleine. (Hierzu kann man sich auch vorstellen, dass die beiden beispielsweise mit einer Schlinge ganz eng zusammengebunden sind.)

Es scheint also, als müssten die beiden Gewichte zusammen sowohl schneller als auch langsamer fallen als zuvor. Damit haben wir das erhalten, was die Philosophen am meisten lieben: einen Widerspruch. Es gibt nur eine Möglichkeit, ihn zu vermeiden, und diese besteht in der Annahme, dass die schwere und die leichte Kugel mit gleicher Geschwindigkeit fallen.

Galilei beschreibt das Experiment in seinem Werk *Discorsi e Dimostrazioni Matematiche* (1636; auf Deutsch erschienen 1890 unter dem Titel *Unterredungen und mathematische Demonstrationen über zwei neue Wissenszweige, die Mechanik und die Fallgesetze betreffend*) in Form eines Gesprächs zwischen zwei Freunden.

> SALVIATI: Wenn wir zwei Körper haben, deren natürliche Geschwindigkeit verschieden sei, so ist es klar, dass, wenn wir den langsameren mit dem geschwinderen vereinigen, dieser letztere von jenem verzögert

werden müsste, und jener, der langsamere, müsste vom schnelleren beschleunigt werden. Seid Ihr hierin mit mir einverstanden?

SIMPLICIO: Mir scheint die Consequenz völlig richtig.

SALVIATI: Aber wenn dieses richtig ist, und wenn es wahr wäre, dass ein grosser Stein sich z. B. mit 8 Maass Geschwindigkeit bewegt, und ein kleinerer Stein mit 4 Maass, so würden beide vereinigt eine Geschwindigkeit von weniger als 8 Maass haben müssen; aber die beiden Steine zusammen sind doch grösser, als jener grössere Stein war, der 8 Maass Geschwindigkeit hatte; mithin würde sich nun der grössere langsamer bewegen, als der kleinere; was gegen Eure Voraussetzung wäre. Ihr seht also, wie aus der Annahme, ein grösserer Körper habe eine grössere Geschwindigkeit, als ein kleinerer Körper, ich Euch weiter folgern lassen konnte, dass ein grösserer Körper langsamer sich bewege als ein kleinerer. Lasst uns also feststellen, dass grosse und kleine Körper, von gleichem specifischen Gewicht, mit gleicher Geschwindigkeit sich bewegen.

Dies wird zu Recht als eines der großen Gedankenexperimente betrachtet. In der Physik ist das Prinzip, das es beweist, als Äquivalenzprinzip bekannt. Es besagt, dass alle Körper mit derselben Beschleunigung fallen, unabhängig von ihrer Masse und Zusammensetzung. Es führte direkt zu Einsteins Allgemeiner Relativitätstheorie, die die Gravitation so erklärt: Die Erde umkreist die Sonne, weil sie durch die gekrümmte Raum-Zeit „fällt".

Trotz seiner historischen Bedeutung stimmen nicht alle Philosophen dem Ergebnis zu. In einem raffinierten Aufsatz mit dem Titel „Thought Experiments in Scientific Reasoning" (etwa: Gedankenexperimente in wissenschaftlichen Argumentationen) zweifelt der Philosoph Andrew Irvine Galileis Kugeln an, weil er der Meinung ist, dass sie sich nicht zu einer Masse verbinden lassen. Schließlich könnten die Knoten in der Schnur aufgehen! Er zieht daraus die Schlussfolgerung, dass Gedankenexperimente trotz ihrer Überzeugungskraft und Vielseitigkeit schlicht fehlbar seien, bevor er zu dem Schluss kommt, dass sie trotz aller Vorteile niemals die Beobachtung und das echte Experiment ersetzen können. Ebenso kommt David Atkinson, ein wissenschaftlich denkender niederländischer Philosoph, in seinem Aufsatz zu diesem Thema mit dem Titel „Experiments and Thought Experiments in Natural Science" (etwa: Experimente und Gedankenexperimente in der Naturwissenschaft) zu dem Schluss, dass das neue Galileische Dogma über den freien Fall an sich ein *non sequitur* sei – die Folgerung ergibt sich nicht aus den Prämissen. Das Dach ist nicht mit den Wänden verbunden ...

Für Philosophen ist dies die schlimmste Beleidigung, die man sich vorstellen kann. Aber laut Atkinson ist Galilei selbst schuld. Man könne ihm nachweisen, dass er Unrecht habe, und Aristoteles rehabilitieren, indem man sich die Möglichkeit vorstelle, der Turm sei überflutet worden. In diesem Fall würden sich die Kugeln nicht durch Luft, sondern durch Wasser bewegen. Noch komplizierter wäre die Situation, wenn die Endgeschwindigkeit in einer turbulenten Strömung erreicht würde, wie es in der Praxis häufig der Fall sei, schließt er schwungvoll.

Dass Galilei möglicherweise gar nicht beabsichtigte, sein Experiment in einer Situation gelten zu lassen, in der seine Kugeln sich durch eine Flüssigkeit bewegen, dass er es nur für eine Situation annähernder „Reibungsfreiheit" konzipierte, wird als „alles andere als offensichtlich" einfach beiseite gewischt. Die Ergebnisse des Gedankenexperiments werden so hingestellt, als seien sie nur in manchen Fällen empirisch wahr, in anderen Fällen dagegen empirisch falsch. Und sollte jemand auf die Idee kommen, das Gedankenexperiment erlaube den Zugang zu einem „platonischen Reich der Wahrheit“, so sei das ganz besonders töricht. Nach Meinung von Atkinson führte Galilei echte Experimente durch, und das sei auch notwendig gewesen. Damit spricht er – ebenso wie vor einigen Jahrhunderten die Inquisition – dem ehrwürdigen Astronomen sogar das Recht zum Philosophieren ab.

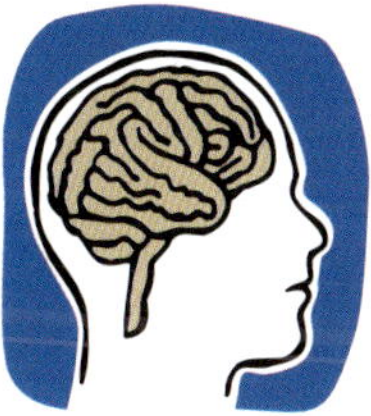

H für Platons Höhlengleichnis

SPEZIALAUSRÜSTUNG: **Fesseln, Brennholzbündel, Höhle**

Im sechsten Buch seines Werks *Der Staat* erzählt Platon von einer unterirdischen Höhle, aus der ein langer Tunnel nach oben ans Tageslicht führt. Diese Höhle ist kein besonders freundlicher Ort, denn es befinden sich gefesselte Gefangene darin, die für immer mit dem Rücken zu einem großen Feuer sitzen müssen. Sie sind dort angekettet, seit sie denken können, unfähig irgendwo anders hinzublicken als auf die Wand der Höhle, an der die Flammen zuckende Schatten werfen.

Hinter ihnen (aber für sie nicht einsichtig, weil sie wegen ihrer Fesseln nur nach vorne blicken können) verläuft zwischen den Gefangenen und dem Feuer ein Pfad, auf dem von Zeit zu Zeit andere Höhlenbewohner entlanggehen. Sie tragen meist irgendwelche Gegenstände aus Holz oder Brennholzbündel, sodass die Gefangenen ihre Schatten an der Höhlenwand als äußerst seltsam oder gar monströs empfinden.

Einige der Gefangenen können diese Schatten mit der Zeit identifizieren, sowohl ihre eigenen als auch die der – in ihren Augen – riesigen unförmigen Kreaturen. Sie geben ihnen bestimmte Namen und beglückwünschen sich gegenseitig zu ihrer großartigen Leistung, die darin besteht, dass sie sie immer wiedererkennen.

Einmal gelingt es ein paar Gefangenen, die eigenen Fesseln zu lösen und die Köpfe zu drehen. Da sehen sie die echten Menschen, die sich mit ihren Lasten in beiden Richtungen den Pfad entlangschleppen. Zuerst schmerzen ihre Augen, weil sie vom Feuer geblendet sind, und sie drehen sich schnell wieder um – dankbar, dass sie wieder die gewohnte, halbdunkle Schattenwelt betrachten dürfen. Doch je länger sie sich an die Helligkeit gewöhnen, desto besser erkennen sie die Gestalten und verstehen ihre Bewegungen. Bald beachten sie die Schatten an der Höhlenwand gar nicht mehr, über die sich die übrigen Gefangenen weiterhin die ganze Zeit unterhalten und diskutieren. Sie haben das Gefühl, diese Schatten seien nur Trugbilder, eine Illusion, die der Erkenntnis der wahren Natur der Welt, die sich bei direkter Beobachtung offenbart, im Wege steht.

Als sie aber versuchen, den anderen Gefangenen mitzuteilen, dass sie die Wahrheit über die Schattenwesen erkannt haben, halten diese sie für verrückt.

Wenn sie ihre Mitgefangenen nicht befreien können, wie soll es ihnen da je gelingen, sie von der Wahrheit zu überzeugen?

Besprechung

Was dieses Gedankenspiel genau bedeutet, wird unter Philosophen immer noch kontrovers diskutiert. Der Hintergrund zu Platons Geschichte ist jedenfalls, dass er versucht, seine Freunde davon zu überzeugen, dass es eine reine und ideale Welt gibt, die wir mit unseren fehlbaren und erdgebundenen Sinnen nicht wahrnehmen können. Es handelt sich um die Welt der Ideen oder „Urbilder“. Ich glaube jedoch, dass es in der Geschichte gar nicht so sehr darum geht, dass irgendwo eine bessere Welt der Urbilder „existiert“. Vielmehr geht es um die allgemeinere Wahrheit, dass wir genauso gefesselt in einer unterirdischen Höhle und damit genauso fehlgeleitet sein könnten wie die Gefangenen, und dass es möglicherweise auch unter uns ein paar weise

Menschen gibt, die die Realität genauer erkennen, es uns anderen aber nicht erklären können.

Der Staat ist im Übrigen ein ernsthafter Versuch, eine neue Art von Gesellschaft zu entwerfen, die von einigen wenigen derart erleuchteten Weisen regiert wird – den Philosophen. Platon führt aus, dass das, was die meisten Leute im Alltag als schön, kalt, grün oder auch als Stuhl bezeichnen, nicht wirklich ist. Der einzige wirkliche Stuhl ist der ideale Stuhl, der nicht in der Welt der Sinne, sondern in der Welt der „Urbilder" existiert. Ebenso ist nur die „Idee der Schönheit" an sich das einzig wirklich Schöne in der Welt, und beide sind ausschließlich dem Geist zugänglich, nicht aber den Sinnen. Weiter erklärt Platon, dass Leute, die nur die vielen schönen Dinge sehen können, aber nicht die absolute Schönheit, oder die nur die vielen gerechten Dinge sehen können, aber nicht die wahre Gerechtigkeit, nicht über wahres Wissen verfügen, sondern lediglich Meinungen äußern. Nur Philosophen erlangen die wahre Erkenntnis. Das Gedankenexperiment verschleiert im Grunde also hauptsächlich ziemlich radikale politische Ansichten.

I für das Identitätsprinzip von Gottfried Leibniz

SPEZIALAUSRÜSTUNG: **gepuderte Perücke, Spiegel**

Gottfried Leibniz, „ein eleganter Mann mit gepuderter Perücke“, wie ein Witzbold ihn beschrieb, verbrachte die meiste Zeit seines Lebens in tiefer philosophischer Kontemplation. Er offenbarte sich der Welt nur durch seine gelehrte Korrespondenz mit mehreren Hundert anderen Philosophen und Forschern. Dennoch war sein Einfluss in den intellektuellen Kreisen des 17. Jahrhunderts beträchtlich – sehr zum Ärger seines großen Rivalen Isaac Newton, der mit ihm um die Ehre buhlte, die Infinitesimalrechnung erfunden zu haben.

In einem Briefwechsel mit Samuel Clarke, dem Sekretär Isaac Newtons, legt Leibniz seine Ansichten zum Thema der Ununterscheidbarkeit dar. Dabei geht es selbstverständlich um äußerst winzige Dinge, aber dennoch handelte es sich um ein Thema mit weitreichenden Implikationen – nicht nur für Newtons Überzeugung, dass er mit seinem Eimer den „absoluten Raum“ entdeckt hatte (Szenario N), sondern auch für die Frage, welchem der beiden Männer mehr Ehre für die Entdeckung dieses neuen, äußerst nützlichen Zweigs der Mathematik gebührte. Diese lästigen Fragen wurden in einem Briefwechsel erörtert. Wir sehen hier im ungefähren Wortlaut Leibniz' vierten Versuch, die Sache zu entscheiden:

> Es gibt keine zwei Individuen, die nicht voneinander zu unterscheiden wären. Ein kluger Herr aus meiner Bekanntschaft, der in Gegenwart Ihrer Kurfürstlichen Hoheit, Prinzessin Sophia, im Garten von Schloss Herrenhausen mit mir über dieses Thema zu diskutieren beliebte [Newton, der aus bescheidenen Verhältnissen stammt, knirscht an dieser Stelle mit den Zähnen], meinte, er könne zwei Blätter finden, die sich bis aufs Haar glichen. Die Prinzessin forderte ihn auf, es zu versuchen, und er lief lange Zeit im Garten umher und suchte, doch es war vergebens. Zwei Tropfen Wasser oder Milch, durch ein Mikroskop betrachtet, werden immer unterschiedlich aussehen. Dies ist ein Argument gegen Atome, die – ebenso wie das Vakuum – durch die Prinzipien wahrer Metaphysik widerlegt werden ...
>
> Die Annahme, es gebe zwei vollkommen ununterscheidbare Dinge, wäre das Gleiche wie die Annahme [die Newtons Mr. Clarke hegte], ein und

dasselbe Ding könnte zwei Bezeichnungen haben. Daher wäre es auch das Gleiche, wie wenn man annähme, das Universum habe zunächst eine andere Position in Raum und Zeit eingenommen als die, die es tatsächlich innehatte. Eine solche Annahme ist in meinen Augen eine unmögliche Fiktion. ... [In der Tat] ist jeglicher leere Raum eine Ausgeburt der Fantasie ... sollte ein Raum leer sein, so handelt es sich um ein Attribut ohne Subjekt, eine Erweiterung ohne ein Ding, das erweitert wäre. ... Wenn der Raum eine absolute Realität ist, ... besitzt er eine größere Realität als die Substanzen selbst. Gott kann ihn weder zerstören noch ihn in irgendeiner Weise verändern. Er wird in seiner Gesamtheit nicht nur immens, sondern auch in allen Teilen unveränderlich und ewig sein. Es wird eine unendliche Zahl ewiger Dinge geben, neben Gott.

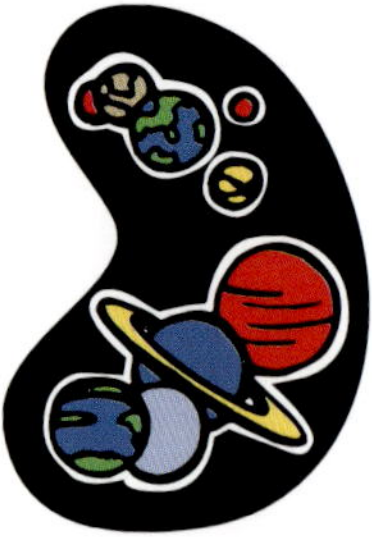

Das hört sich natürlich lächerlich an. Aber was ist so falsch an der Vorstellung, es gebe ein Universum, in dem „alle Teile" in der gleichen Beziehung zueinander stehen wie immer, das aber dennoch bewegt wurde und „eine andere Position in Raum und Zeit" einnimmt?

Sicherlich (der arme Mr. Clarke war damals nur leider nicht in der Lage, es zu erfinden) hätte ein „gespiegeltes Universum", also ein Universum, das einfach auf den Kopf gestellt wird, dieselben ununterscheidbaren Eigenschaften und wäre dennoch wahrnehmbar anders?

Besprechung

Was Leibniz beunruhigte, war die Vorstellung, dass zwei Individuen, die genau dasselbe Aussehen, dieselben Erinnerungen, dieselbe Persönlichkeit und so weiter besäßen, nicht nur nicht auseinanderzuhalten (wie zu Streichen aufgelegte eineiige Zwillinge), sondern – aufgrund seines Identitätsprinzips – tatsächlich dieselbe Person, dasselbe „Ding" wären. Leibniz betrachtete dies als unvermeidlich, weil er bereits entschieden hatte, dass räumliche Unterschiede nur illusionär sind und somit nicht als Unterscheidungsmerkmal dienen können. Das klingt möglicherweise seltsam, aber auch wir akzeptieren häufig stillschweigend diese Annahme bezüglich Ort und Zeit. Die Blume, die gestern noch im Garten blühte, ist beispielsweise immer noch dieselbe Blume, auch wenn sie heute in einer Vase im Zimmer steht.

Später sollte auch Wittgenstein die Leute auffordern, sich eine Welt vorzustellen, in der alle Menschen exakt gleich aussehen, sodass es scheint, als würden bestimmte Eigenschaften zwischen identischen Körpern hin und her wandern. Er kam zu dem Schluss, dass wir unter solchen Umständen möglicherweise den einzelnen Körpern ebenso wenig einen eigenen Namen geben würden wie heute den Stühlen in unserem Esszimmer, obwohl es theoretisch möglich wäre. Andererseits könnte es vorteilhaft erscheinen, die einzelnen Kombinationen von Eigenschaften zu benennen ...

In der modernen Quantenmechanik besitzen subatomare Teilchen häufig genau dieselben Eigenschaften, sodass ihre räumliche Position das einzige Unterscheidungsmerkmal darstellt – doch die räumliche Position eines subatomaren Teilchens ist eine Angelegenheit reiner Vermutung und Spekulation. Aus diesem Grund schließt sich die Quantenmechanik der Position von Leibniz an und sagt, dass zwei Dinge, die sich nicht einmal vom Prinzip her unterscheiden lassen, dasselbe Ding sein müssen. (Wenn beispielsweise ein Teilchen zwischen Existenz und Nicht-Existenz hin und her pendelt, bleibt es dasselbe Teilchen. Es ist nicht so, dass ein Teilchen verschwindet und durch ein identisches Teilchen „ersetzt" wird.) Auch in der Maschine, die Geist transferiert beziehungsweise Körper vertauscht, spielt der „Raum" keine Rolle. Wir bestreiten nicht die Möglichkeit (und sei sie noch so imaginär), dass eine Person von einem Augenblick zum anderen an einen anderen Ort übertragen wird und dennoch dieselbe bleibt – auch dann nicht, wenn „sie" zu einem großen Teil aus anderen Atomen besteht oder wenn „sie" sich bedeutend verändert hat – wenn sich beispielsweise der schlaffe Gibb in den sportlichen Steve verwandelt hat (Szenario T).

Die in den *Upanishaden* auftauchende Vorstellung, dass wir an einem anderen Ort in einem neuen Körper und mit einem neuen Geist erwachen könnten, ohne Erinnerung an unsere frühere Existenz, führt im Vedanta zu der Schlussfolgerung, dass nur das Selbst (*Atman*) unabhängig existiert und dass alle körperlichen Erscheinungen Illusionen sind. Eingefleischten Materialisten mag es seltsam erscheinen, aber in gewissem Sinn erwachen wir jeden Morgen in einem anderen Körper mit anderem Geist und mit anderen (zunehmend vagen) Erinnerungen. Der

Buddhismus beruht also auf einem ebenso eingefleischten Empirismus, für den nichts wirklich existiert – weder Geist noch Materie, weder Raum noch Zeit. Im Buddhismus gibt es nur das Konzept des Hier und Jetzt.

Die Herren Newton und Clarke dagegen wollen nicht nur der Materie und der Zeit, sondern auch dem Raum „Wirklichkeit" verleihen. (Ohne den „absoluten Raum" würden sich ihre Theorien über die Mechanik in Nichts auflösen.) Nur der Geist wird anscheinend ausgespart, als Anachronismus in einer zunehmend mechanischen Welt, auch wenn Newton zeit seines Lebens die überlieferten alchemistischen Werke nach genau diesem einenden Element durchforstete. Leibniz akzeptiert die Existenz von Materie und Zeit, ist sich beim Raum aber nicht so sicher. Er verknüpft das Ganze stattdessen mit dem Geist Gottes.

Ein Auszug aus Leibniz' fünftem Brief an Clarke im ungefähren Wortlaut:

> Zum Abschluss. Wenn der von allen Körpern geleerte Raum (wie er dem Autor vorschwebt) nicht vollkommen leer ist, womit ist er dann gefüllt? Ist er voller ausgedehnter Geister, voller materieller Substanzen, die fähig sind, sich auszudehnen und zusam-

menzuziehen, die darin schweben und einander ohne Schwierigkeit durchdringen wie die an eine Wand geworfenen Schatten zweier Körper einander durchdringen? ... Nein, manche stellen sich vor, dass der Mensch im Zustand der Unschuld auch die Fähigkeit zur Durchdringung hatte und dass er erst im Zuge des Sündenfalls fest, undurchdringlich und undurchsichtig wurde. Wirft es nicht alle unsere Vorstellungen von den Dingen durcheinander, wenn wir Gott aus Teilen bestehen lassen und Geistern eine Ausdehnung zugestehen? Das Prinzip der Abwesenheit einer genügenden Ursache allein zerstreut diese Fantasiegebilde. Menschen lassen sich leicht von ihrer Fantasie davontragen, weil sie keinen rechten Gebrauch von diesem großartigen Prinzip machen ...

Ich behaupte nicht, dass Materie und Raum dasselbe seien. Ich sage nur, dass es ohne Materie keinen Raum gibt und dass der Raum selbst keine absolute Realität ist. Raum und Materie unterscheiden sich auf die gleiche Weise wie Zeit und Bewegung. Diese Dinge sind zwar verschieden, aber dennoch nicht voneinander zu trennen.

J für Henry Poincaré und alternative Geometrien*

SPEZIALAUSRÜSTUNG: **eine extrem weit ausfahrbare Leiter**

Stellen wir uns einen Planeten vor, der ausschließlich aus Gasen besteht. In seinem Mittelpunkt herrscht eine sehr hohe Temperatur. Dort haben sich die Gas-Leute entwickelt und dort leben sie auch normalerweise. Die Temperatur an der Oberfläche ist dagegen sehr, sehr niedrig. Herr Poincaré erzählt uns sogar, dass sie beim absoluten Nullpunkt liegt. (Die Bedeutung dieser Tatsache wird später noch deutlich werden.)

Wenn sich die Gas-Leute, die wir hier „Jeometer“ nennen wollen, auf ihrem Planeten bewegen, geht mit ihnen eine winzige, aber bedeutsame Veränderung vor. Da die Temperatur abnimmt, werden sie immer kleiner, je weiter sie sich vom Zentrum des Planeten entfernen. Und nicht nur

* Das „J“ steht für Jules, Henri Poincarés ersten Vornamen, den er nicht besonders gut leiden mochte. Selbstverständlich kommt „Jeometrie“ als alternative Schreibweise auf keinen Fall infrage!

sie allein, nein, dasselbe gilt für alle Wesen und alle Gegenstände auf dem gasförmigen Planeten. Wichtig ist aber vor allem, dass sich alles genau im gleichen Verhältnis verändert, sodass die Proportionen nicht aus dem Gleichgewicht geraten.

In einem Jahr beschließen die Jeometer, dass es an der Zeit sei, die äußeren Bereiche ihres Planeten zu erforschen. Sie konstruieren eine riesige Leiter und stellen sie auf, sodass die Spitze hoch in den Wolken verschwindet. Einer der Jeometer soll nun herausfinden, wie weit sich der gasförmige Planet erstreckt, und beginnt sie zu erklimmen. Überall herrscht große Aufregung, die sich allerdings etwas zerstreut, als der Jeometer einige Tage später wieder herunterkommt und feststellt, dass die Leiter bei Weitem nicht lang genug sei.

Viele Jahre lang werden der Leiter immer wieder neue Abschnitte hinzugefügt, aber es scheint alles umsonst zu sein. Jedes Mal kehrt der Jeometer zurück, um zu melden, dass die Leiter immer noch zu kurz sei.

Tatsächlich ist es so, dass die Jeometer und auch die Leiter immer stärker schrumpfen, je höher sie kommen. Sie werden so klein, dass es für sie körperlich unmöglich ist, jemals die äußere Oberfläche des Planeten zu erreichen.

(Beim absoluten Nullpunkt werden sie auf absolut nichts zusammengeschrumpft sein.) Aber während sie klettern, während es ihnen immer kälter wird und sie gleichzeitig immer winziger werden, werden auch die Stufen der Leiter, ihre Meterstäbe und alles andere immer kleiner, sodass sie von dem ganzen Vorgang der Verkleinerung absolut nichts bemerken. Am Ende kommen die Jeometer zu dem Schluss, dass ihr Planet unendlich groß sei. Was er nicht ist.

Die Frage lautet, wessen Maßstäbe sind „wirklich"?

Besprechung

Henri Poincaré schreibt in der Fortführung der Geschichte, dass ein sich bewegendes Objekt immer kleiner werde, je näher es der Oberfläche der Kugel komme. Er stellt fest, dass diese Welt aus der Sicht unserer Geometer endlich sei, dass sie ihren Bewohnern, den Jeometern, jedoch unendlich erscheine.

Poincaré verfolgt mit seinem Gedankenexperiment eine einfache Absicht: Nichts in dieser Geschichte widerspricht den Regeln der Logik, so unwahrscheinlich es auch angesichts unserer alltäglichen Erfahrungen mit der Natur sein mag. Dennoch scheint sie aufzuzeigen, dass die von uns vorausgesetzten geometrischen Wahrheiten, ja sogar die Naturgesetze des Universums, keineswegs über jeden Zweifel erhaben sind. Die Gas-Leute sagen, dass ihr Planet unendlich sei, und weil sie niemals an die Oberfläche gelangen können, trifft das für sie tatsächlich zu. Aus der Perspektive eines Außenstehenden, beispielsweise eines vorbeikommenden Raumfahrers, leben sie dagegen in einer Illusion.

Das Erbe der alten Griechen besteht in einem großen Respekt vor den ewigen Wahrheiten ihrer Wissenschaft und vor der Gewissheit dieser Wahrheiten. Aber summieren sich die Winkel eines Dreiecks immer auf 180 Grad? Ist es wirklich sicher, dass zwei Parallelen sich niemals schneiden? Nur wenn wir voraussetzen, dass der Raum „flach“ ist.

Henri Poincarés Antwort an die Jeometer ebenso wie die Geometer lautet exakt gleich: Es lässt sich von keinen Maßstäben sagen, dass sie die „wirklichen“ sind – alles ist immer nur eine Frage der Konventionen.

K für den katholischen Kannibalen

SPEZIALAUSRÜSTUNG: **großer Kochkessel**

Bertrand Russell gibt eine Einführung in diese gewichtige Fragestellung:

> Eines der zuletzt erörterten Probleme ist die Auferstehung des Leibes. Hier wie anderwärts auch setzt Thomas [von Aquin] ganz unparteiisch die Argumente auseinander, die gegen die orthodoxe Auffassung vorgebracht worden sind. Eines dieser Argumente bereitet sofort große Schwierigkeiten. Was soll mit einem Menschen geschehen, fragt der Heilige, der sein Leben lang wie seine Eltern nur Menschenfleisch gegessen hat?
> (*Philosophie des Abendlandes*)

Jedes Teilchen seines Körpers gehört rechtmäßig einer anderen Person. Wir können nun nicht annehmen, dass Menschen, die von Kannibalen verzehrt wurden, für alle Ewigkeit leer ausgehen sollen. Aber wenn nicht, was bleibt dann dem Kannibalen? Wie soll er, wie es sich für ihn gehört, in der Hölle schmoren, wenn alle Teilchen seines Körpers ihren rechtmäßigen Besitzern zurückgegeben werden? Eine höchst schwierige Frage, wie Thomas von Aquin ganz richtig befindet.

Es handelt sich in der Tat um eine der letzten – aber gewiss nicht unwichtigsten – Fragen, denen sich der heilige Thomas in Buch IV der *Summa Contra Gentiles* zuwendet. Ebenso wie an anderer Stelle verfolgt der heilige Thomas hier den Gedanken an einen Kannibalen weiter, der nichts außer Menschenfleisch zu sich nimmt. Mit dieser Möglichkeit wurden die Position der Kirche im Allgemeinen und die Doktrin der Auferstehung im Besonderen infrage gestellt. Unter den damaligen Umständen stellten rivalisierende Behauptungen wie die von Epikur (um 300 v. Chr.) eine bedeutende Bedrohung der Macht der kirchlichen Autorität dar. Epikur war der Meinung, wir bräuchten den Tod nicht zu fürchten, weil wir ohnehin nur aus einer Ansammlung von Atomen bestünden, die nach ihrer Zerstreuung durch den Tod ebenso unbekümmert weiterbestehen würden wie vorher.

Katholiken glauben daran, dass am Tag des Jüngsten Gerichts jeder Mensch mit einem Körper aus seiner früheren sterblichen Materie wiederauferstehen wird. Aus diesem Grund führt

Gott Buch über jedes Haar auf jedermanns Kopf. Wenn nun aber alle Atome der Opfer unseres Kannibalen (oder, wenn wir uns der heutigen Zeit anpassen wollen, unserer Kannibalin) ihren rechtmäßigen Eigentümern zurückgegeben würden, was bliebe dann noch für sie übrig? Die Kannibalin hätte keinen Körper mehr, weder um ihn im Himmel zu genießen, noch um auf ewig in der Hölle zu schmoren.

Thomas von Aquin erkannte ganz richtig, dass das Problem der Kannibalenfamilie tatsächlich besonders schwierig zu lösen war.

Was geschähe mit einem Menschen, der in seinem ganzen Leben nie etwas anderes verzehrt hätte als Menschenfleisch, und (für die ganz pedantischen Gemüter unter uns) dessen Eltern und Vorfahren bereits ebenso gehandelt hätten?

Besprechung

Russell fährt fort:

> Es wäre doch unbillig, wenn seine Opfer um seiner Gier willen am Jüngsten Tag keine Leiber hätten; woraus aber sollte andernfalls sein Leib gebildet werden? Glücklicherweise kann ich erklären, dass diese zunächst unüberwindlich erscheinende Schwierigkeit wahrhaft glänzend behoben wird.

Der Grund liegt darin, dass die Identität des Körpers nach dem Beschluss des heiligen Thomas nun doch nicht vom Fortbestehen derselben Materieteilchen abhängt. Dies ist auch deshalb vernünftig, weil die Materie des Körpers bereits im Lauf des Lebens durch Nahrungsaufnahme und Verdauung sowie durch Verletzung und Heilung einem beständigen Wandel unterliegt. Sowohl der Kannibale als auch der von ihm Verzehrte können daher bei der Wiederauferstehung einen eigenen Körper erhalten, der jeweils nicht aus derselben Materie bestehen muss wie ihr Körper zum Zeitpunkt des Todes oder auch zu einem beliebigen anderen Zeitpunkt in ihrem Leben. Nun könnten wir versucht sein, wie Bertrand Russell, die Diskussion über das Thema mit diesem tröstlichen Gedanken abzuschließen.

Doch auch wenn das Szenario mit dem Kannibalen lächerlich erscheint, so betrifft dasselbe Problem alle diejenigen, die an ein Leben nach dem Tod glauben – nicht nur Kannibalen und ihre Mahlzeiten. Bereits gegen Ende des zweiten Jahrhunderts, wenn nicht gar früher, war der Kirche deutlich geworden, dass sie ein Problem hatte, welches der christliche Denker Athenagoras in einer knappen Erkenntnis zusammenfasste:

Alle Menschen sind selbst Teil der Nahrungskette. Nach dem Tod werden menschliche Körper von einer Reihe von Kreaturen verzehrt, von denen einige weiter oben in der Nahrungskette auch wieder von Menschen verzehrt werden. Da diese letzteren Menschen somit die Materie der ersteren teilen, kann es wohl am Ende kaum genug Materie geben, um alle Menschen, die je gelebt haben, wiederauferstehen zu lassen. Athenagoras fand darauf die optimistische Antwort, dass menschliche Atome als Nahrung nicht (lassen Sie mich das dezent ausdrücken) „assimilierbar" seien. Aber – um zu unserer Familie von Kannibalen zurückzukehren – das ist nicht sehr überzeugend: Wenn das wahr wäre, müssten die Kannibalen ganz erbärmlich ausgemergelt sein!

Ein Jahrhundert nach Athenagoras entdeckte ein weiterer Theologe mit Namen Origenes eine bessere Lösung. Die Auferstehung verlange nicht, dass der neue Körper aus derselben Materie bestehe, sondern nur, dass er die gleiche Form habe wie der alte (von kleinen Makeln abgesehen). Die Materie dürfe im nächsten Leben überhaupt nicht dieselbe sein, weil unsere Körper nicht mehr aus Fleisch und Blut, sondern aus *Pneuma* bestehen werden, einer Mischung aus

Luft und Feuer. Origenes verwendet die gleiche Art von Sprache wie Aristoteles, der davon spricht, dass der Körper von der Seele angetrieben werde wie ein Pferd von seinem Reiter, wenn er sagt, dass wir einen herrlichen neuen Körper erwarten dürfen, der dem alten lediglich der Form, nicht aber der Materie nach entspreche.

An dieser Stelle werden sich einige Leser an Platons Dialog *Phaidon (Über die Unsterblichkeit der Seele)* erinnern, in dem Sokrates seine Vorstellung vom „Leben nach dem Tod" beschreibt. Sokrates erwartet eine wunderbare Zeit, in der er, durch die Hinrichtung von seinem Leib befreit, endlich frei sein werde (von den Sorgen der Sterblichen) und sich ganz dem Denken und Philosophieren widmen könne. Leider wollte Aristoteles später davon gar nichts wissen. Er schrieb, dass ein Überleben, befreit von den körperlichen Funktionen – den Sinneseindrücken von Auge, Nase und Ohren, dem Gehirn, das wahrnimmt, begehrt und denkt, den unbewussten Vorgängen eines komplexen Organismus –, nur eine Illusion sein könne.

Die Lösung des Origenes, nämlich dass unsere zukünftigen Körper nur dieselbe Form haben werden, beseitigt zwar viele der Probleme des

Kannibalen auf einen Schlag, jedoch fügte er eine weitere Einzelheit hinzu, die später von seinem theologischen Widersacher, Bischof Methodius von Olympus, der Lächerlichkeit preisgegeben wurde. Origenes behauptete, wir bräuchten im nächsten Leben auch keine Zähne, Mägen, Hände oder Füße mehr. Ihm selbst erschien dies sehr vernünftig, weil diese Dinge ja schmutzig werden oder überhaupt abscheulich sind. (Augustinus empfand großen Ekel bei der Vorstellung, dass wir im Himmel etwa gar noch essen müssten, und Origenes macht uns besonders darauf aufmerksam, dass Christus selbst gesagt habe, im Himmel würden wir uns nicht einmal mehr an unsere Ehepartner erinnern. Das würde natürlich einen enormen Unterschied bedeuten.) Doch wenn unseren Körpern all diese Kleinigkeiten fehlten, wie könnten sie dann dieselbe Struktur oder Form besitzen? So lautete die triumphierende Fangfrage von Bischof Methodius.

Vielleicht wäre es ein besserer Ausweg gewesen anzunehmen, dass das, was nach dem Tod überlebt, eine Art metaphysisches Ich sei, eine psychologische Konstruktion. Zu diesem Schluss gelangte Avicenna, der mittelalterliche islamische Philosoph, der argumentierte, dass der Körper nur anfangs erforderlich sei, um unsere Identität zu begründen. Danach sei das Fortbestehen der Identität nicht mehr vom Körper abhängig – ja, es sei für die Identität dann nicht einmal mehr wünschenswert, einen Körper zu bewohnen.

L für die Lanze des Lukrez

SPEZIALAUSRÜSTUNG: **Lanze**

Die Lanze des Lukrez ist eines der ältesten und gleichzeitig fruchtbarsten Gedankenexperimente. Es wirft fundamentale Fragen über die Natur des Universums und der Unendlichkeit auf – nicht nur für Astronomen, sondern auch für Physiker.

Lukrez' Lanze ist echt, sie besteht aus Holz und Metall. In einem epischen Gedicht beschreibt Lukrez (und jetzt kommt der schwierige Teil), wie er sie bis an den Rand des Universums trägt. Dort schleudert er sie mit einem lauten Schrei und gewaltiger Kraft über die Grenze hinaus in die dahinter liegende Unendlichkeit.

„Was wird nun geschehen?", fragt Lukrez. Es gibt nur zwei Möglichkeiten. Entweder fliegt die Lanze über die Grenze hinaus und weiter (selbst wenn sie dann verschwindet) – dann stellt die Grenze gar nicht wirklich den Rand des Universums dar. Oder die Lanze kann nicht über die Grenze hinaus und prallt von einer Art unsichtbarem Kraftfeld oder so etwas ab. In diesem Fall stellt die Linie, die wir für den Rand des Universums hielten, nicht die echte Grenze dar, sondern sie liegt innerhalb der Grenze und die Lanze muss sie noch überqueren.

Und was ist, wenn die Wand am Rande des Universums selbst unendlich breit ist?

Besprechung

Denkst du nun aber begrenzt den ganzen vorhandenen Weltraum
Und du vermöchtest zum letzten und äußersten Ende des Weltalls
Vorzudringen und dort die beflügelte Lanze zu schleudern,
Willst du da lieber behaupten, mit kräftigem Schwünge geschleudert
Fliege sie weiter nun fort nach dem einmal gegebenen Zielpunkt,
Oder vermeinst du, daß irgendein Halt sie zu hemmen vermöge?
Denn eins oder das andre verbleibt dir nur zuzugestehen.
Jedes von beiden verschließt dir den Ausweg. Also das All muß
(Dies ist der zwingende Schluß) ohn' Ende sich weiter erstrecken.

Denn mag irgendein Halt die beflügelte Lanze
verhindern,
Bis an das Ziel zu gelangen und dort am Ende zu ruhen,
Oder fliegt sie so fort: nie nahm sie vom Ende den
Ausflug.
So verfolg' ich dich stets, und wo du auch immer das
Ende
Setzest der Welt, da frag' ich: was soll aus der Lanze
nun werden?
Also folgt: in dem All ist nirgends ein Ende zu finden,
Und da Raum ist zur Flucht, so erweitert sich immer
der Fluchtweg.

De Rerum Natura „Von der Natur der Dinge“ ist ein ungewöhnliches Buch und als Gedicht ist es noch viel ungewöhnlicher. Lukrez, der dieses Gedicht irgendwann in den letzten hundert Jahren vor Christi Geburt verfasste, beschrieb es selbst als „mit Honig versüßte“ Pille, die einige übel schmeckende Wahrheiten über das Universum enthalte, welche bereits von dem bedeutenden Philosophen Epikur entdeckt worden seien. Beispiele dafür sind, dass alles im Universum aus zwei Dingen bestehe, nämlich leerem Raum und winzigen, unsichtbaren Teilchen, dass diese Partikel weder erzeugt noch zerstört werden können und (wie dieses Experiment zeigen soll) dass das

Universum unendlich sei und alle möglichen Dinge sowie alle möglichen Welten enthalte.

Die Ansichten, die in diesem Gedicht dargelegt wurden, stellten bei Weitem die beste Beschreibung des Universums bis zum 20. Jahrhundert dar, und trotz aller komplexen modernen Modelle bleiben sie möglicherweise dem modernen Denken weiterhin überlegen. Lukrez, oder vielmehr Epikur, verlieh der Bewegung der Teilchen absichtlich einen leichten „Schlenker", um dem menschlichen Leben die Möglichkeit des freien Willens zu geben. Sonst sei das Universum und alles, was es enthält, nicht bedeutungsvoller als das endlose Spiel der winzigen Staubkörnchen in einem Sonnenstrahl.

Selbst nach weiteren 1700 Jahren der naturwissenschaftlichen Forschung war es immer noch wichtig zu beweisen, dass das Universum unendlich und unbegrenzt sei. René Descartes und Isaac Newton lieferten hierfür beweiskräftige Argumente, weil sie fürchteten, dass sonst Aristoteles' Weltsicht mit ihrem begrenzten Universum Gott einschränken und der Maschinerie ihre Seele rauben könnte. Doch das Universum kann, wie Einstein später überzeugend darlegte, ganz problemlos sowohl endlich als auch grenzenlos sein – eine Ansicht, die dem gesunden Menschenverstand so sehr zuwiderläuft, dass unser Lanzenträger möglicherweise verwirrt ins Stolpern gerät. Aber der Raum muss schließlich, wie Einstein ebenfalls feststellte (und zwar ohne Rücksicht darauf, was Kant möglicherweise davon gehalten hätte), den Regeln der Geometrie *nicht* gehorchen.

Heutzutage sind die Kosmologen jedenfalls der Ansicht, dass der Weltraum möglicherweise hauptsächlich aus unsichtbaren Energiefeldern besteht, in denen das, was wir uns bisher als „das Universum" vorstellten, einfach so umherschwebt. Es treibt sozusagen in einer dunklen Suppe aus Anti-Gravitation.

Aber worin befindet sich die Suppe?

M für moralische Verpflichtungen

SPEZIALAUSRÜSTUNG: **ein freies Bett im Krankenhaus**

Judith Jarvis Thompson fordert uns auf, über den Fall des unglücklichen Fußgängers nachzudenken, der eines Tages aufwacht und feststellt, dass er von verzweifelten Mitgliedern der „Gesellschaft der Musikliebhaber" gekidnappt wurde. Er wurde unter Drogen gesetzt und ins Krankenhaus gebracht. Hier haben die Musikliebhaber dafür gesorgt, dass die inneren Organe ihres Gefangenen über verschiedene Schläuche mit einem berühmten Geiger verbunden wurden, dessen eigene Organe plötzlich versagt hatten.

Tatsache ist, dass der Geiger sterben muss, wenn die Verbindung jetzt wieder getrennt wird. Glücklicherweise meinen die Ärzte aber, dass der Geiger in etwa neun Monaten wieder soweit hergestellt sein wird, dass er alleine überleben kann.

Die Frage ist nun: Wenn wir uns in der Situation des unglückseligen Fußgängers befänden, würden wir freiwillig in diesem Krankenhausbett bleiben ...

... oder würden wir verlangen, dass die Verbindung getrennt wird und man uns ungestört weiterleben lässt? Musikliebhaber sollten sich hier der Stimme enthalten!

Besprechung

Diesem Beispiel scheint der Vergleich mit einer Frau zugrunde zu liegen, die schwanger wurde und nun gesagt bekommt, dass ihre Verpflichtung dem ungeborenen Kind gegenüber schwerer wiege als ihre eigenen Wünsche. Dieses Gedankenexperiment lässt den viel diskutierten Aspekt, ob ein „Fötus“ bereits ein vollwertiges oder zumindest „potenzielles“ menschliches Wesen ist, außer Acht und konzentriert sich auf eine andere Frage: Wie weit geht die Verpflichtung eines Individuums, das Leben eines anderen zu retten?

Judith Jarvis Thompson akzeptiert die allgemeine moralische Verpflichtung, andere zu retten, aber sie kritisiert die simple Sichtweise von Abtreibungsgegnern, die einfach davon ausgehen, dass diese Verpflichtung als absolut zu betrachten ist und das Ende aller Diskussionen bedeutet. Das Gedankenexperiment zeigt, dass wir selbst es anderen (der Gesellschaft der Musikliebhaber) wahrscheinlich auch nicht ohne Weiteres erlauben würden, uns ihre Entscheidung über die Erhaltung des Lebens des Geigers aufzuzwingen und dabei unser Recht auf Selbstbestimmung zu verletzen.

Manche Leute halten dieses Gedankenexperiment für irreführend oder sogar für schlecht durchdacht, weil es das „ungeborene Kind" (oder, um es neutraler auszudrücken, den Fötus) mit einem voll entwickelten Menschen mit all seinen Rechten gleichsetzt. Ich persönlich betrachte dies jedoch als einen der sympathischen Aspekte von Gedankenexperimenten: Es lässt einen Aspekt beiseite, um sich auf einen anderen zu konzentrieren. Wenn unser Urteil lautet, dass der Geiger nicht erwarten kann, dass wir einfach liegen bleiben und die Situation akzeptieren, dann hat Judith Jarvis Thompson uns überzeugt, und die Überzeugung ist umso stärker, weil sie gegen schwerer wiegende Gegenargumente erzielt wurde. Beschließen wir dagegen, dass der Geiger neun Monate lang die Nutzung unserer Leber und aller anderen Organe fordern darf, können wir von dem Punkt ausgehend immer noch überlegen, ob es einen Unterschied bedeuten würde, wenn wir stattdessen mit einem Wesen verbunden wären, das weniger weit entwickelt ist und weniger Rechte besitzt (beispielsweise mit einem Popsänger, einem seltenen Tier oder einem Philosophen?).

Noch einmal – und Judith Jarvis Thompson untersucht diesen Aspekt in mehreren Variationen: Der Fußgänger ist in keiner Weise persönlich für das Wohlergehen des Geigers verantwortlich. Der Vergleich wird daher oft eher als passend für das Opfer einer Vergewaltigung betrachtet, von dem man verlangt, dass das Kind ausgetragen werden müsse. Manche Leute neigen zu der Ansicht, dass eine Frau, die das „Risiko" einer Schwangerschaft eingeht, ihre Verpflichtung gegenüber dem ungeborenen Kind akzeptieren müsse. Wenn sich die Debatte aber daraufhin auf die Erwartungen und Einstellungen der Frau gegenüber der Möglichkeit einer Schwangerschaft verlagert, hilft das Gedankenexperiment wieder bei der Argumentation.

Mit ihrer Festlegung der Parameter gesteht Judith Jarvis Thompson dem Fötus das Recht auf Leben zu, aber sie ist nicht einverstanden mit der Forderung, dass dieses Leben um jeden Preis zu erhalten sei. Das Experiment stützt die Ansicht, dass jede einzelne Frau selbst entscheiden sollte, ob sie ihre Gebärmutter als Lebenserhaltungssystem für einen anderen Menschen zur Verfügung stellt oder nicht. Nicht das Kind (der Geiger) und noch viel weniger der Staat (die Gesellschaft der Musikliebhaber) haben das Recht, es von ihr zu fordern.

N für Newtons Eimer

SPEZIALAUSRÜSTUNG: **ein Eimer und ein langes Seil**

Es präsentiert das Experiment der Royal Society: Sir Isaac Newton. Er verwendet es als Argument für die Existenz des absoluten Raumes und der absoluten Bewegung, und er braucht dazu einen Eimer an einem langen Seil.

Zu Beginn füllt Newtons imaginärer Assistent den Eimer mit Wasser und hängt ihn mit dem langen Seil an einem Balken auf. Anschließend dreht er den Eimer so lange um sich selbst, bis das Seil vollkommen eingedreht ist.

Der Assistent erinnert uns daran, dass Tee, der in einer Tasse umgerührt wird, mit der Zeit eine konkave Form annimmt, sodass das Wasser am Rand höher steht als in der Mitte der Tasse. (Das könnte jedoch auch an der Reibung zwischen dem Tee und der unbeweglichen „Tassenwand“ liegen, murmelt ein Zuschauer. Oder so ähnlich.)

Nun gibt Newton den Befehl: „Lassen Sie den Eimer los!“ Und sein Assistent gehorcht. Während sich das Seil wieder ausdreht, dreht sich auch der Eimer wunderbar ruhig immer wieder um sich selbst. Anfangs ist der Wasserspiegel selbstverständlich ganz flach und glatt. Sobald die Drehbewegung beginnt, steigt das Wasser am rotierenden Rand des Eimers langsam empor, während es in der Mitte eine Senke bildet, etwa so wie der Tee in der Tasse.

„Ganz kurz befand sich der Eimer jedoch in relativer Bewegung zum Wasser", ruft Newton begeistert dem Publikum zu, „und der Wasserspiegel war dennoch flach!"

Dann jedoch holt das Wasser den Eimer sozusagen ein und es drehen sich beide mit gleicher Geschwindigkeit in einer Art Kreisbewegung. Jegliche Reibung zwischen beiden verschwindet. Und trotzdem, wie Newton stolz aufzeigt, trotzdem behält das Wasser im Eimer seine konkave Form.

Plötzlich tritt Newtons Assistent heran, greift nach dem sich drehenden Eimer und hält die Bewegung an!

Einige Augenblicke lang dreht sich das Wasser darin noch weiter und es behält auch die „konkave" Form. Es befindet sich in derselben relativen

Bewegung zum Eimer wie zu Beginn des Experiments. Doch zu Beginn war seine Oberfläche flach.

Beide, Wasser und Eimer, befinden sich in relativer Bewegung zueinander, aber nur in einem Fall nimmt das Wasser konkave Form an, erläutert Newton. „Ist die Bewegung relativ zum Gebäude, zum Boden oder zur Erde jetzt vielleicht anders?", fragt ein Zuschauer hilfreich. „Ganz und gar nicht", antwortet Newton. „Am Wasser erkennt man die Wirkung der Zentrifugalkraft, und auch Galaxien erfahren die Wirkung der Zentrifugalkraft." Hier unterbricht Newton kurz, um die Spannung zu erhöhen. Dann fährt er triumphierend fort: „Und diese wiederum ist einzig und allein relativ zum ‚Absoluten Raum'."

Hat nun das Wasser in Newtons Eimer die Existenz des „Absoluten Raumes" nachgewiesen, wie er behauptet?

Besprechung

In Teil VII seines Werks *Philosophiae Naturalis Principia Mathematica* schreibt Newton, der absolute Raum an sich, wenn er nicht mit irgendetwas Äußerlichem in Beziehung gesetzt werde, bleibe immer gleich und unbeweglich. Newton war sogar der Meinung, der absolute Raum werde ewig bestehen bleiben, selbst wenn alles Materielle im Universum verschwinden würde. Er wäre dann zwar leer, aber immer noch ein echter „Raum". Und die Zeit wäre ebenfalls noch da.

Das Eimer-Experiment soll einfach zeigen, dass die Form des Wassers nicht von seiner relativen Bewegung zu den Eimerwänden abhängt. Im Original der *Principia* beschreibt Newton interessanterweise nur die erste Hälfte des Experiments. Erst in späteren Fassungen wird der Eimer von einem „Assistenten" angehalten, und niemand weiß mehr, wer dies aus welchem Grunde vorschlug. Vielleicht war Newton selbst bereits im Zweifel, ob das Experiment mit dem Eimer alleine genug Überzeugungskraft besaß. Daher bittet er uns zusätzlich, uns zwei miteinander verbundene Kugeln vorzustellen, die um ihr Schwerezentrum herumgewirbelt werden. Beide Kugeln versuchen, geradeaus wegzufliegen. Da sie durch das Verbindungsseil daran gehindert werden, setzen sie stattdessen dieses Seil unter Spannung

Wenn aber andererseits jede Bewegung relativ ist, dürfte es keinen Unterschied bedeuten, ob ein still stehender Beobachter zwei rotierende Kugeln beobachtet oder ein rotierender Beobachter zwei stationäre Kugeln. (Er könnte beispielsweise im Eimer sitzen und zwei am Boden liegende und mit einem Seil verbundene Kugeln betrachten. – Es gibt jedoch keinen Beweis dafür, dass Newton das tatsächlich ausprobiert hat.) Für den sich drehenden Beobachter sieht es so aus, als würden die Kugeln herumgewirbelt werden, aber ein Blick auf das Seil würde sofort zeigen, dass es nicht gespannt ist.

Später wird Ernst Mach sagen, dass das Universum immer alles beeinflusst und dass Newton den Fehler beging, alles wegzufantasieren. Er lästerte, jemand solle doch einmal versuchen, Newtons Eimer zu fixieren, stattdessen das himmlische Firmament in Rotation versetzen und dann beweisen, dass es keine Zentrifugalkraft gebe. Und es solle auch niemand glauben, er wisse, was passieren würde, wenn ein rotierender Beobachter die Kugeln in einem Universum beobachten würde, aus dem alles andere entfernt wurde. (Stellen Sie sich das einmal vor!)

O für das Olberssche Paradoxon

SPEZIALAUSRÜSTUNG: **wolkenloser Himmel**

Heinrich Olbers warf die Frage auf, warum wir am Nachthimmel nicht überall, wo wir hinsehen, Sterne erblicken. Das Universum ist schließlich so riesig und es gibt so viele Sterne (vorausgesetzt, sie drängen sich nicht alle in einer Ecke zusammen), dass der Nachthimmel eigentlich sogar so hell erleuchtet sein müsste, dass es so aussähe, als wäre er von einem einzigen riesigen Stern ausgefüllt. Das Paradoxe daran ist ... dass dem eben nicht so ist.

Obwohl dieses Paradoxon eher technischer Natur ist, berührt es einige tiefschürfende Probleme der Kosmologie, also der Wissenschaft vom Ursprung und der Entwicklung des Universums. Es reicht nicht aus, einfach zu sagen, dass die meisten Sterne zu weit entfernt sind, um für uns sichtbar zu sein. Natürlich leuchtet auch das Licht der Sterne, ebenso wie jedes andere Licht, mit zunehmender

Entfernung schwächer, aber gleichzeitig nimmt die Anzahl der Lichtquellen im Sichtfeld zu – und zwar in demselben Verhältnis (abnehmend mit $1/r^2$ und zunehmend mit r^2) Wenn man die Sache rein mathematisch betrachtet und von einem unendlichen Universum ausgeht, in dem die Sterne und Galaxien gleichförmig verteilt sind, dürfte der gesamte Nachthimmel nicht schwarz und auch nicht gesprenkelt erscheinen, sondern weiß.

Heinrich Olbers (1758–1840) war ein Arzt in Wien, der Astronomie nur als Hobby in seiner Freizeit betrieb. Obwohl das Paradoxon seinen Namen trägt, lässt es sich bis zu Johannes Kepler und in das Jahr 1610 zurückverfolgen. (Kepler ist aber mehr aufgrund seiner Erkenntnisse über die Umlaufbahnen der Planeten um die Sonne in Erinnerung geblieben.) Olbers' Beitrag bestand (abgesehen von mathematischen Berechnungen) darin, dass er erkannte, dass das Problem sogar noch gewichtiger war, als Kepler gedacht hatte. Wäre das Universum wirklich unendlich, wie alle sagten, dann müsste der Nachthimmel nicht nur hell sein, sondern sogar *unendlich hell.*

Warum ist er das nicht?

Besprechung

Das Olberssche Paradoxon ist ein „Gedankenexperiment“ in dem sehr positiven Sinn, dass die meisten Gedankengänge auf Hypothesen beruhen: Was wäre, wenn das Universum unendlich groß wäre? Und unendlich alt? Wenn die Galaxien und Sterne (im Durchschnitt) gleichförmig verteilt wären? Ebenso findet die Suche nach Ergebnissen – notwendigerweise – im „Labor des Geistes“ statt.

Und es wurden auch schon mehrere mögliche Erklärungen angeboten, wie beispielsweise:

- Vielleicht gibt es im Weltraum zu viel Staub, sodass weit entfernte Sterne nicht mehr sichtbar sind?
- Vielleicht enthält das Universum nur eine endliche Zahl von Sternen und Galaxien?
- Oder vielleicht sind die Sterne und Galaxien nicht – auch nicht einmal „im Durchschnitt“ – zufällig verteilt, sondern drängen sich tatsächlich zusammen, sodass ein großer Teil des Raumes vollkommen leer bleibt? So könnten zwar beispielsweise sehr viele Sterne vorhanden sein, viele von ihnen wären aber hinter anderen verborgen.

Der erste Gedanke ist zwar sehr verlockend, aber er missachtet bekannte Tatsachen. Zum Beispiel würde sich auch der Staub erhitzen, sodass im Weltraum eine wesentlich höhere Temperatur herrschen würde, als es tatsächlich der Fall ist. Auch wären riesige Mengen an Staub erforderlich, um das Licht abzublocken – es wäre in der Tat so viel Staub, dass auch das Licht unserer Sonne abgeblockt würde. Da beides nicht der Fall ist, sieht die Zukunft dieser Erklärung (mit Verlaub) ziemlich düster aus ...

Der zweite Vorschlag könnte dagegen durchaus zutreffen. Doch die Zahl der Sterne, ob endlich oder nicht, reicht definitiv immer noch aus, um den gesamten Himmel zu erhellen. Diese Erklärung rettet uns höchstens davor, „gebraten" zu werden.

Aus diesem Grund bevorzugte man im 19. Jahrhundert die dritte „Lösung". Das Universum und die Zahl der Sterne seien zwar unendlich, aber ihre Verteilung so ungleichmäßig, dass weite Bereiche des Nachthimmels leer erschienen. Allerdings war diese Meinung etwas opportunistisch. Jedenfalls zeigen heutige Beobachtungen, dass die Annahme der Uniformität der Realität ziemlich nahe kommt. Teleskope in der Erdumlaufbahn bestätigen, dass das Universum in der Tat aussieht wie ein gleichförmiger, dünner Mehlbrei – ungeachtet der kleinen lokalen Unregelmäßigkeiten, auf denen wir leben und sterben.

Wie lautet also die Antwort auf Olbers' Frage? Heute bevorzugen wir die Erklärung, das Universum sei zwar unendlich groß, aber nicht unendlich alt, was bedeutet, dass das Licht von Galaxien jenseits einer bestimmten Entfernung nicht genug Zeit hatte, uns zu erreichen und unseren Nachthimmel zu erhellen. Wenn das Universum ungefähr 15 Milliarden Jahre alt ist, sind für uns nur Galaxien und Sterne sichtbar, die weniger als 15 Milliarden Lichtjahre entfernt sind.

Manchmal wird dies noch durch eine neue Theorie ergänzt (wie es bei fragwürdigen Erklärungen häufig geschieht): Wenn sich das Universum stetig ausdehnt (nach dem sogenannten „Urknall"), bewegen sich manche Galaxien möglicherweise so schnell von uns fort, dass ihr Licht durch die „Rotverschiebung" verdunkelt wird. Dieses Phänomen verlängert die Wellenlänge des von einem Stern zur Erde reichenden Lichts so stark, dass sie das sichtbare Spektrum verlässt.

Olbers und seine Kollegen erschufen nur aus einigen imaginären Annahmen und der scheinbar einfachen Frage, warum der Nachthimmel dunkel ist, ein Gedankenexperiment, das schon sehr früh auf zwei der bedeutendsten „Entdeckungen" der modernen Astronomie verwies: Das Universum scheint sich auszudehnen, und es ist wohl ziemlich sicher nicht unendlich alt.

P für Derek Parfits Person

SPEZIALAUSRÜSTUNG: **ein skrupelloser Gehirnchirurg**

Für den unehrenhaften Akademiker aus Szenario T ebenso wie für den ausschließlich Menschenfleisch verzehrenden Kannibalen aus Szenario K geht es im Kern um die Frage, ob die „essenzielle Materie" erhalten bleibt oder nicht. Genau damit befasst sich auch Derek Parfit. Da er ein Philosoph ist, hält er die ganze Sache jedoch für relativ einfach. Er meint, alles sei in bester Ordnung, solange nur das Gehirn erhalten bleibe (beispielsweise durch eine Transplantation in einen anderen Körper).

Für ihn geht es hauptsachlich um die Frage, in welchem Maß die „geistigen" Attribute zusammen mit dem Gehirn übertragen werden. Selbstverständlich sollte auch der „Charakter" (die Seele) in gewissem Sinn darin eingeschlossen sein. Vorausgesetzt also, das Gehirn enthält die Erinnerungen, die persönlichen, „psychologischen" Charaktereigenschaften und Merkmale,

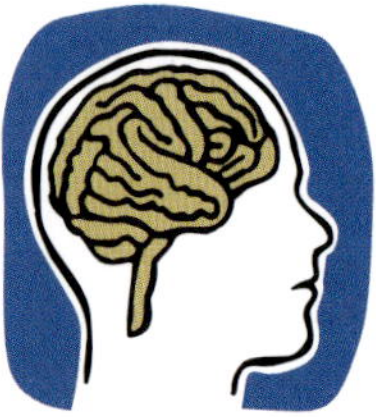

dann – so sollte man meinen – erhält man nach einer solchen Transplantation eine Person, die immer noch man selbst ist. So hätte man eine (wenn auch ziemlich unmoralische) Methode zur eigenen Verjüngung erschlossen.

Natürlich wäre eine solche Operation kompliziert. Noch schwierigere Probleme ergeben sich jedoch, meint Parfit, wenn das Gehirn in mehrere Teile zerlegt wird, die in verschiedene Körper eingepflanzt werden. Was würde beispielsweise geschehen, wenn sich herausstellte, dass man bereits mit der Hälfte des Gehirns die gewünschte Wirkung erzielen könnte? Na, umso besser, könnten manche Leute denken, dann ist noch eine Hälfte übrig, falls beim ersten Versuch etwas schiefgeht. Aber was wäre, wenn nach der ersten Hälfte auch die zweite Hälfte erfolgreich in einen anderen Körper transplantiert würde? Gäbe es dann nicht zwei „Ichs"? Wäre das nicht eine Art geistiges Klonen?

Aber wie können zwei Menschen „identisch" mit meinem früheren „Ich" sein? Woher sollen die Leute dann wissen, wen von uns beiden sie zu Partys einladen sollen?

Die entscheidende Frage aber lautet: Woher würde ich selbst wissen, wer von den beiden nun wirklich „Ich" ist?

Besprechung

Manche Philosophen sagen, dass die beiden neuen Personen nicht identisch wären, weil sie an verschiedenen Orten gleichzeitig verschiedene Erfahrungen sammeln würden. Je mehr Zeit verginge, desto stärker würden sie sich auseinanderentwickeln. Dennoch erschiene es angesichts ihrer gleichwertigen Ansprüche eher willkürlich zu sagen, dass die erste Person, die das neue Gehirn erhält, das neue „Ich" sei und die andere nicht (siehe auch ... äh ... Szenario I).

Vielleicht ist es besser zu sagen, dass keine von beiden wirklich „Ich" ist. In diesem Fall bin ich bei dem ganzen Vorgang allerdings leider dahingeschieden, obwohl es vor der zweiten Transplantation noch so schien, als würde ich in einem schönen, jungen Körper fröhlich weiterexistieren. Seltsamerweise scheint es, als hätte „Ich" zufrieden weiterleben können, wenn die zweite

Operation fehlgeschlagen wäre. Schließlich wurde die zweite Transplantation an jemand anderem durchgeführt und „Ich" hätte im Grunde nichts von ihr erfahren müssen. Dies wirft allerdings wiederum neue, unangenehme Fragen auf. Wie sollte es möglich sein, dass das, was einer Person zugefügt wird, daran schuld ist, dass eine andere Person aufhört zu existieren?

An dieser Stelle befindet Parfit, es sei unmöglich, die Existenz der einen Person davon abhängig zu machen, was mit einer anderen Person passiert. Er schließt daraus, dass gleich von vornherein anzunehmen ist, dass selbst der Empfänger eines vollständigen Gehirntransplantats nicht wirklich „Ich" sein kann. Wenn dies zutrifft, hört mein „Ich" schon zum Zeitpunkt der ersten Transplantation auf zu existieren.

Man sollte darüber aber nicht allzu traurig sein. Parfit findet, dass wir nicht zu sehr an unserer Person hängen sollten. Ein gewisser Teil von uns bliebe bei der Transplantation erhalten, wenn auch nicht das Ding, das zuvor unser „Ich" war – nicht unsere „Identität", um es mit seinem Begriff auszudrücken.

Manche sind nun der Meinung, dass dies kein besonders starkes Gefühl des „Weiterlebens" vermittelt. Eine Philosophin der Gegenwart, Kelly Ross, stellt fest, dass es nichts anderes bedeutet als den uralten Gedanken, dass man in seinen Nachkommen fortbestehe oder in den Personen, die die eigene Arbeit weiterführen. Doch Parfit wäre mit einem Weiterleben in dieser schwach ausgeprägten Form vollkommen zufrieden. Ganz im Sinne des Buddhismus stellt er sich vor, dass wir uns weniger Sorgen um unser eigenes „Ich" machen würden und anderen gegenüber weniger eigennützig wären, wenn uns endlich klar würde, dass die Vorstellung des Weiterbestehens unseres „Ichs" eine Illusion ist. Diejenigen, die an den Fortbestand des „Ichs" glauben, weist er darauf hin, dass sie sich immer noch von René Descartes' Theorie in die Irre führen lassen, die besagt, wir hätten ein immaterielles Ego. (Gehirnchirurgen aufgepasst: Es befindet sich angeblich in der Zirbeldrüse.)

Q für *Quotidiennes* und die Fragen, die Gedankenspiele aufwerfen

SPEZIALAUSRÜSTUNG: **Uhr**

Quotidienne bedeutet „(all-)täglich“. Der französische Philosoph Roger-Pol Droit betitelte so seine Sammlung geistiger Übungen (*Fünf Minuten Ewigkeit. 101 philosophische Alltagsexperimente*), die den intellektuellen Horizont erweitern und den Verstand beweglicher machen sollen. Manche der Übungen erscheinen ziemlich unsinnig, beispielsweise zufällig ausgewählte Telefonnummern anzuwählen, um sich der eigenen Bedeutungslosigkeit klar zu werden, oder sich selbst fest zu kneifen, um die Wirklichkeit des Schmerzes zu spüren. Andere dagegen sind wirklich recht tiefgründig. Wir greifen hier zwei Experimente heraus, die sich mit dem Wesen von Zeit und Raum befassen. Das erste heißt „Die Welt 20 Minuten dauern lassen“.

Stellen Sie sich vor, die Welt bestehe nur 20 Minuten lang. Sie müssen sich also vorstellen, dass sie vor einem Augenblick ganz plötzlich entstanden ist, und dass sie in 20 Minuten ebenso plötzlich wieder verschwindet. Alles ist genauso erschienen, wie es jetzt ist. „So wie eine Seifenblase platzt, ein Licht ausgeht“, wird sie in 19 Minuten wieder verlöschen. Roger-Pol Droit sagt, dass (bei dieser Fantasieübung) alles zwar genauso aussieht wie vorher, aber dennoch hat sich etwas verändert. Der Welt fehlt „die Tiefe einer richtigen Vergangenheit und die Perspektive einer vorstellbaren Zukunft“. Und wenn das Ende der 20 Minuten naht, sollten wir „zumindest ansatzweise die dumpfe Angst verspüren, das alles könnte tatsächlich verschwinden“. Obwohl Droit witzigerweise noch anmerkt, dass wir womöglich auch „den Anflug eines Bedauerns“ spüren werden, dass doch nichts vernichtet wurde ...

Eine weitere *expérience quotidienne,* also eine alltägliche Erfahrung, ist (zumindest in meinen Augen) vielleicht sogar noch subtiler. Man wird aufgefordert, sich eine schöne Landschaft oder Aussicht zu suchen. Dann beginnt das Experiment.

Schauen Sie die Landschaft an, aber betrachten Sie sie nicht. Fassen Sie nichts ins Auge. Es gibt nichts, was Ihr Blick einer näheren Prüfung unterziehen müsste. Er macht nirgends Halt, sondern gleitet über alles hinweg, bleibt fern, ein bisschen unscharf. ... Schließlich werden Sie den Eindruck gewinnen, dass sich alles auf einer Ebene befindet, ohne Relief, vollkommen plan – wie ein Bild.

Möglicherweise dauert es einige Minuten, bis Sie diesen Zustand erreichen, obwohl es laut Droit auch ganz schnell gehen kann, je nach Ihrer persönlichen Stimmung. Wenn Sie dann tatsächlich den Eindruck haben, Sie blickten auf eine einzige glatte Fläche, dann müssen Sie sich vorstellen, dass „alles, was Sie sehen, vom Himmel bis zum Erdboden, bewegt oder unbewegt, nur auf einer weit gespannten, gewaltigen Leinwand in Erscheinung träte". Oder vielleicht auf einem riesigen Bildschirm wie einer „gewaltigen Leinwand ... feinkörnig, mit idealer Auflösung". Und nun stellen Sie sich vor, die Leinwand würde zusammengefaltet.

Und während sich der riesige Vorhang mit der Landschaft aufrollt, sehen Sie, dass er ganz langsam etwas anderem Platz macht.

Was werden Sie nun sehen, fragt Roger-Pol Droit?

Besprechung

Nun, in diesem zweiten Experiment können wir uns vorstellen, was wir wollen, meint Droit, aber eines sollten wir erkennen, nämlich dass die „Faktizität der Wirklichkeit" Schaden genommen hat: Die Welt hat ihre Gewissheit eingebüßt.

Diese *expériences quotidiennes* sind im Grunde keine echten Gedankenexperimente in dem Sinne, wie sie unsere Wissenschaftler und analytischen Philosophen bevorzugen (ganz sicher nicht die beiden erwähnten „belangloseren" Experimente, bei denen man auch körperlich in Aktion treten muss). Sie sind keineswegs logisch zwingend und geben dies auch nicht vor. Schließlich handelt es sich um französische Philosophie, und ab einem gewissen Punkt trennten sich die Wege der kontinentaleuropäischen und der angloamerikanischen Philosophen. Dennoch meine ich, die gleiche Methode zu erkennen. Und in gewissem Sinn lässt sich die „Beweiskraft" solcher kontemplativer Übungen ebenso wenig leugnen wie die Beweiskraft konventionellerer Gedankenexperimente oder praktischer Experimente.

R für den Raum mit festen Regeln

SPEZIALAUSRÜSTUNG: **ein Stapel Karten mit chinesischen Schriftzeichen**

Es war Alan Turing, der berühmte Codeknacker im Zweiten Weltkrieg, der meinte, dass wir eine Maschine als intelligent betrachten müssten, wenn wir selbst nach längerer Befragung nicht feststellen könnten, ob wir mit einer Maschine oder mit einem Menschen sprechen.

Zahlreiche Philosophen reagierten darauf sehr beleidigt, denn schließlich wird Intelligenz nur durch harte Arbeit erworben und muss eifersüchtig gehütet werden. Ihren Vorkämpfer fanden die Philosophen in John Searle und seinem berühmten „Gedankenexperiment mit dem chinesischen Zimmer“. Der (zeitgenössische) künstlich intelligente Philosoph wollte darin Turings großzügige Auslegung als falsch entlarven.

Searle lässt sich für dieses Experiment zusammen mit einem Stapel Karten mit chinesischen Schriftzeichen in einen imaginären Raum einsperren. Wir sollen nun überlegen, wie es von außen erscheinen würde, wenn jemand von Zeit zu Zeit chinesische Fragen durch einen Briefschlitz zu ihm hineinwerfen würde, die er beantworten soll. Nun ist der Raum glücklicherweise mit Anweisungen in englischer Sprache tapeziert, die genau erklären, mit welchen Prozeduren er jeweils die richtigen Schriftzeichen zum Zurückschicken findet.

Searle will damit beweisen, dass die Person in dem Raum zwar die richtigen Antworten zurückgibt, aber trotzdem kein Chinesisch versteht. Da Computer auf analoge Weise arbeiten, schließt er daraus, dass es nicht korrekt ist zu behaupten, Computer seien intelligent oder verstünden etwas von ihren Aufgaben, selbst wenn sie intelligent erscheinende Antworten produzieren.

Das Experiment beweist ziemlich überzeugend, dass die Person in dem Raum kein Chinesisch kann. Schließlich gibt Searle zu Beginn des Experiments ausdrücklich vor, dass sie Chinesisch weder in gesprochener noch in schriftlicher Form versteht und dass die chinesische Schrift für sie aussieht wie sinnloses Gekritzel. Seine Schlussfolgerung scheint daher ein wenig offensichtlich, aber na ja, das ist bei analytischen Philosophen öfter der Fall. Der Trick ist, das Offensichtliche weniger offensichtlich wirken zu lassen. Dennoch bleibt das philosophische Problem bestehen, dass – wie Searle es ausdrückt – von außen betrachtet (also vom Standpunkt eines Menschen, der sich außerhalb des Raumes befindet) die Antworten in keiner Weise von Antworten chinesischer Muttersprachler unterscheidbar sind.

Beweist dieses Experiment also nun, dass Intelligenz auf mehr beruht als nur auf Äußerlichkeiten?

Besprechung

Professor Searle scheint übersehen zu haben, dass – auch wenn die einzelne Person in dem Raum kein Chinesisch versteht – das ganze „System", bestehend aus der Person, den Schriftzeichen auf den Karten und den Anweisungen an der Wand, sehr wohl den Eindruck vermittelt, Chinesisch zu verstehen. Und das ist wesentlich plausibler. Der Verfasser der Anweisungen war schließlich auf jeden Fall des Chinesischen mächtig.

In diesem Beispiel wurde das Fachwissen des Verfassers der Anweisungen durch die schriftlich fixierten Regeln auf die Person im Raum übertragen. Ersetzt man diese Versuchsanordnung durch einen Computer, der mit denselben Regeln programmiert wird, wird das „Fachwissen" des chinesischen Muttersprachlers zumindest in begrenztem Maß auf den Computer übertragen. Bei dieser Verfahrensweise wird es für Searle oder auch irgendjemand anderen wesentlich schwieriger, dem Computer jegliches Fachwissen oder Verständnis abzusprechen. Und es ist doch tatsächlich so, dass man heute von „Experten-Systemen", denen Regeln und Vorgehensweisen aus menschlicher Erfahrung einprogrammiert wurden, alle möglichen Informationen erhalten kann – sei es, dass man von ihnen im Krankenhaus behandelt wird, dass man eine Berufsberatung erhält oder dass man erfährt, wo man Gold findet, auf wen man Bomben abwerfen soll oder was auch immer.

Um die Fragestellung, ob Computer tatsächlich denken, noch ein wenig auszuweiten, sagt Professor Lisa Wang von der Universität in Qingdao (die sogar wirklich Chinesisch kann), dass die Frage ohnehin nicht lautet, ob die „Maschine" Intelligenz zeigt, sondern ob das „menschliche Konstrukt" Intelligenz beweist. Sie fügt hinzu, dass ein Bild schließlich auch als „von einem Baum“ oder als „schön“ oder als was auch immer bezeichnet werden kann, obwohl es im Grunde nur aus Mineralpartikeln besteht, die auf ein Stück pflanzliches Material aufgebracht wurden.

Der chinesische Raum ist möglicherweise lediglich ein weiterer irregeleiteter Versuch, die Welt zu durchschauen, indem man sie auf ihre Bestandteile reduziert. Dieser ursprüngliche Fehler wird von analytischen Philosophen häufig begangen und widerspricht natürlich der östlichen Denkweise, ja sogar der sokratischen Tradition. (Sie ähnelt dafür aber ein wenig der Art des Aristoteles.) Leibniz drückte es in der *Monadologie* folgendermaßen aus:

> Nehmen wir einmal an, es gäbe eine Maschine, die so eingerichtet wäre, daß sie Gedanken, Empfindungen und Perzeptionen hervorbrächte, so würde man sich dieselbe gewiß dermaßen proportional-vergrößert vorstellen können, daß man in sie hineinzutreten vermöchte, wie in eine Mühle. Dies vorausgesetzt, wird man bei ihrer inneren Besichtigung nichts weiter finden als einzelne Stücke, die einander stoßen – und niemals etwas, woraus eine Perzeption zu erklären wäre.

Allerdings wird es jetzt immer komplizierter. Ich würde gern ein weiteres „Gedankenexperiment" vorschlagen – meine eigene bescheidene Version dieses interessanten Problems. (Searle erfand ebenfalls mehrere Szenarien, die immer komplexer und undurchschaubarer wurden.)

Das chinesische Zimmer (grausame Version)

SPEZIALAUSRÜSTUNG: **ein Stapel Philosophiebücher**

Nehmen wir an, eine Person ist in einem Raum eingesperrt, der außer einer Schreibmaschine und einem Tisch mit einem hohen Stapel staubiger alter Philosophiebücher nichts enthält. An der Wand soll eine Tafel mit Anweisungen zur Benutzung der Bücher hängen – ganz besonders dazu, wie man die verschiedenen Ansichten über spezielle philosophische Probleme nachschlägt. In diesen Raum werden dann mehrere quälende Fragen geschickt, beispielsweise:

- Ist der leere Raum ein normatives Konzept?
- Bieten Gedankenexperimente Zugang zu einer Welt der *a priori*-Wahrheiten?

- Können wir etwas betrachten, während wir es uns exakt gleichzeitig auch vorstellen?

und so weiter …

Unser Gefangener schlägt anhand der Anweisungen die relevanten Abschnitte in den Philosophiebüchern nach, tippt sie auf der Schreibmaschine ab und schickt sie zurück nach draußen. Sie sehen, der Gefangene versteht nichts von Philosophie. Er denkt, es handle sich nur um sinnloses Gekritzel.

Allen, die sich außerhalb des Raumes aufhalten, erscheint es aber so, als würde er etwas davon verstehen.

Beweist dieses Experiment also nun, dass die Philosophie auf mehr beruht als nur auf Äußerlichkeiten? Denken Sie daran, dass Alan Turing die Unterscheidung zwischen Schein und Wirklichkeit für ein reines Vorurteil hält, John Searle sich dagegen nicht so sicher ist.

Ich finde an diesem Experiment vor allem interessant, dass wir der Person im chinesischen Raum nicht zugestehen wollen, dass sie eine „Sprache" versteht, nur weil sie verlässlich die richtigen Antworten auf Fragen produzieren kann. Das ist keineswegs ohne Weiteres vernünftig. Jeder, der schon einmal philosophische Seminare und vergleichbare Diskussionen besucht hat, weiß, dass es nicht notwendig ist und auch gar nicht geschätzt wird, wenn sich jemand eine eigene Meinung über die zur Debatte stehenden Fragen bildet. Es ist viel besser, die Meinungen und Kommentare anderer Leute in angemessener Form zu reproduzieren.

Soll man nun dem Philosophen, der derartige Beiträge aus zweiter Hand liefert, erzählen, er „verstehe nicht wirklich etwas davon"? Nur ein Schuft wäre dazu fähig, Professor Searle!

Glücklicherweise gibt es für uns Forscher noch eine weitere Möglichkeit, zumindest in dieser grausamen Version des Regel-Raums: Wir können einfach abwarten, ob die Person der Sache müde wird und den Raum verlassen will. In diesem Fall können wir dann ziemlich sicher davon ausgehen, dass die Person wirklich nichts von Philosophie versteht.

S für Salviatis Schiff

SPEZIALAUSRÜSTUNG: **ein Goldfischglas und ein günstiger Fährdienst**

Galilei beschreibt auch dieses Experiment in Form eines Gesprächs zwischen Sagredo und Salviati, den wir aus Szenario G bereits kennen. Die Vorbereitungen sind diesmal ein wenig komplizierter. Sagredo soll sich vorstellen, dass er zusammen mit einem Freund in einem möglichst großen Raum unter dem Deck eines großen Schiffes eingeschlossen ist, von dem aus er die Außenwelt nicht beobachten kann. In dem Raum befinden sich auch Mücken und Schmetterlinge, ein kleines Becken mit Wasser und Fischen darin sowie ein enghalsiges Gefäß, über dem ein mit Wasser gefüllter Eimer aufgehängt ist. Solange das Schiff sich nicht bewegt, würde Sagredo nun beobachten, dass die Tiere ohne Unterschied in alle Richtungen fliegen und auch die Fische ohne Schwierigkeiten zu allen Seiten ihres Beckens schwimmen können. Das Wasser, das aus dem Eimer tropft, trifft genau in den engen Hals des darunter stehenden Gefäßes. Im Ruhezustand würden die beiden Eingeschlossenen auch Bälle problemlos einander zuwerfen und in alle Richtungen gleich weit springen können. Alles wäre so, wie man es auch vom Aufenthalt an Land gewohnt wäre.

Aber was geschieht, wenn das Schiff sich bewegt? Salviati kann es genau beschreiben:

> Nun laßt das Schiff mit jeder beliebigen Geschwindigkeit sich bewegen: Ihr werdet – wenn nur die Bewegung gleichförmig ist und nicht hier- und dorthin schwankend – bei allen genannten Erscheinungen nicht die geringste Veränderung eintreten sehen. Aus keiner derselben werdet Ihr entnehmen können, ob das Schiff fährt oder stille steht. Beim Springen werdet Ihr auf den Dielen die nämlichen Strecken zurücklegen wie vorher, und wiewohl das Schiff aufs Schnellste sich bewegt, könnt Ihr keine größeren Sprünge nach dem Hinterteile als nach dem Vorderteile zu machen: und doch gleitet der unter Euch befindliche Boden während der Zeit, wo Ihr Euch in der Luft befindet, in entgegengesetzter Richtung zu Eurem Sprunge vorwärts. Wenn Ihr Euerem Gefährten einen Gegenstand zuwerft, so braucht Ihr nicht mit größerer Kraft zu werfen, damit er ankomme, ob nun der Freund sich im Vorderteile und Ihr Euch im Hinterteile befindet oder ob Ihr umgekehrt steht.

Die Tropfen werden wie zuvor in das untere Gefäß fallen, kein einziger wird nach dem Hinterteile zu fallen, obgleich das Schiff, während der Tropfen in der Luft ist, viele Spannen zurücklegt. Die Fische im Wasser werden sich nicht mehr anstrengen müssen, um nach dem vorangehenden Teile des Gefäßes zu schwimmen als nach dem hinterher folgenden; sie werden sich vielmehr mit gleicher Leichtigkeit nach dem Futter begeben, auf welchen Punkt des Gefäßrandes man es auch legen mag. Endlich werden auch die Mücken und Schmetterlinge ihren Flug ganz ohne Unterschied nach allen Richtungen fortsetzen. Niemals wird es vorkommen, daß sie gegen die dem Hinterteil zugekehrte Wand gedrängt werden, gewissermaßen müde von der Anstrengung dem schnellfahrenden Schiffe nachfolgen zu müssen, und doch sind sie während ihres langen Aufenthalts in der Luft von ihm getrennt ...

SAGREDO: Obgleich es mir zur See niemals in den Sinn gekommen ist, die genannten Beobachtungen eigens zu diesem Zwecke anzustellen, so bin ich doch mehr als gewiß, daß sie zu dem angeführten Ergebnis führen. So z. B. weiß ich noch, daß ich mich in meiner Kajüte hundertmal gefragt habe, ob das Schiff fahre oder stille stehe; und manchmal habe ich, in Gedanken vertieft, geglaubt, es gehe in der

einen Richtung, während es sich nach der entgegengesetzten bewegte …
(Galileo Galilei: *Dialog über die beiden hauptsächlichen Weltsysteme*)

Aber was genau will Salviati mit seinen kleinen Fischen beweisen?

Besprechung

Galileo Galilei beschrieb dieses Schiff-Experiment in seinem Buch *Dialog über die beiden hauptsächlichen Weltsysteme*, weil er damit erklären wollte, warum wir nichts davon bemerken, dass sich die Erde mit ungeheurer Geschwindigkeit um ihre eigene Achse dreht und dazu auch noch die Sonne umkreist. Im Jahr 1632 war der Gedanke, dass wir auf einem Felsen leben, der um die Sonne herum rast, noch sehr schwer zu fassen, und die heutzutage (beispielsweise in einem Zug oder manchmal in einem Auto) ganz alltägliche Erfahrung schneller, gleichförmiger Bewegung in eine Richtung war ebenfalls eine Seltenheit.

Dank der christlichen Kirche bestimmten noch die Gedankenspiele des griechischen Astronomen, Geografen und Mathematikers Ptolemäus das vorherrschende Weltbild. Es gab mehrere Argumente, die das Ptolemäische Weltbild stützen und beweisen sollten, dass die Erde unbeweglich im Mittelpunkt des Universums feststehe, unter anderem ein ganz einfaches: Da alle Körper zum Zentrum des Universums hin fallen, muss sich die Erde genau dort befinden, denn sonst würden wir nicht beobachten, dass fallende Gegenstände sich zum Erdmittelpunkt hin bewegen. Und wenn sich die Erde tatsächlich jeden Tag einmal um ihre Achse drehen würde, dann würde ein senkrecht in die Höhe geworfener Ball nicht am selben Ort landen, von dem er hochgeworfen wurde, sondern ein wenig daneben.

„Das Schiff" dagegen zeigt, dass eine „gleichförmige horizontale Bewegung" keine Auswirkungen auf „örtlich begrenzte" Experimente hat, und unter diesen Begriff fallen alle alltäglichen Sinneswahrnehmungen. Messungen kann nur der vornehmen, der die lokale Begrenzung verlässt. Wenn man beispielsweise die Bewegung des Schiffes wahrnehmen will, muss man durch ein Bullauge schauen und die sich entfernenden Klippen oder die Sonne beobachten. Wenn man die Bewegung der Erde spüren will, muss man den

Nachthimmel und die Bewegung der Sterne beobachten. (Es *könnte* natürlich auch sein, dass die Klippen schrumpfen oder dass sich die Sterne auf rotierenden Sphären bewegen.)

Dieses Gedankenexperiment wurde später noch in verschiedenen Abwandlungen von Physikern wiederbelebt, die weitere nützliche Annahmen über die Natur des Universums damit beweisen wollten. Es beleuchtete die Mängel eines anderen falschen Axioms des Aristoteles, der „absoluten Ruhe", und widerlegte letztendlich auch Newtons Liebling, den „absoluten Raum". Stattdessen führten die Physiker ein geeigneteres Konzept ein, nämlich das Äquivalenzprinzip. Christiaan Huygens (1629–1695) formulierte damit später seine Stoßgesetze und kein geringerer als Lewis Carroll beschrieb in seinem Roman *Sylvie und Bruno,* wie schwer es ist, in einem fallenden Haus Tee zu trinken (damit nahm er das bekannte Gedankenspiel des „fallenden Fahrstuhls" um ein paar Jahre vorweg). Mit dem „fallenden Fahrstuhl" entwickelte Albert Einstein aus den Konzepten der „inertialen Koordinatensysteme" und der „Relativbewegung" die erste Relativitätstheorie. (Die Schiffskabine ist ein inertiales Koordinatensystem und liefert verlässliche Bezugspunkte, solange das Schiff still steht oder solange es sich mit beliebiger, aber unbedingt gleichförmiger Geschwindigkeit bewegt.)

1907 erkannte Einstein dann, dass die Anwendung derselben Prinzipien auf ein gleichförmig beschleunigendes Raumschiff ebenso zeigen würde, dass der Schub konstanter Beschleunigung nicht von der Anziehungskraft der Schwerkraft zu unterscheiden ist. So gelangte er schließlich zur „Allgemeinen Relativitätstheorie".

Und das alles nur, weil jemand Fische beobachtet hatte!

T für den Tausch von Körpern

SPEZIALAUSRÜSTUNG: **eine Maschine zum Austausch von Körpern**

Dr. Gibb, ein langweiliger, hässlicher Akademiker im Tweedanzug, hat entdeckt, dass es im Technologiezentrum der Universität eine „Körpertauschmaschine“ gibt. Nach einigem Zögern und Überlegen beschließt er, damit sein Glück zu versuchen. Er betritt eine Kabine und überträgt verschiedene Bestandteile seiner geistigen Fähigkeiten auf Steve, einen seiner jungen, gut aussehenden und offen gestanden nicht allzu intelligenten Doktoranden, der in der zweiten Kabine sitzt.

Steve ist freudig erregt, denn er glaubt, er werde davon profitieren, dass Teile des Wissens und auch einige der Fähigkeiten seines Doktorvaters auf ihn übertragen werden. Doch in Wirklichkeit hat Gibb höchst unlautere Absichten: Er will den jun-

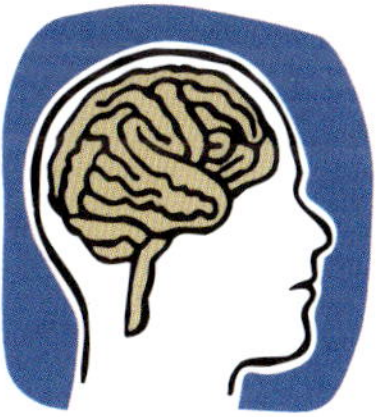

gen Körper seines Studenten vollständig übernehmen. Dessen Gehirn soll mit allen Attributen von Gibbs Geist neu programmiert werden, und gleichzeitig soll Steves Geist in den abgehalfterten Körper von Gibb transferiert werden. Unter den Optionen, die auf dem Schaltbrett der Maschine blinken, gibt es auch eine, bei der alle Fähigkeiten, alle Erinnerungen und sogar alle persönlichen Vorlieben und Eigenarten übertragen werden.

Doch damit nicht genug: In einer teuflischen Anwandlung gibt Gibb noch ein, an welche Adresse die Rechnung für diesen Vorgang geschickt werden soll. Da sie sich auf mehrere Millionen beläuft, ist das kein Pappenstiel. Der arme Steve könnte sich das selbstverständlich nicht leisten – möglicherweise würde er sogar im Gefängnis landen, weil er nicht zahlen kann.

Gibb ist ein durch und durch verdorbener Charakter: Für ihn zählt nur der eigene Vorteil. Er beginnt sofort, Steves Namen und Adresse am College einzugeben. Doch plötzlich hält er inne. Wenn er tatsächlich sein „Ich“ auf Steves Körper überträgt ...

... sollte er dann die Rechnung nicht lieber an den „alten" Gibb schicken, der ja bald mit den Gedanken des jungen Steve ausgestattet sein wird, statt an den „neuen" Gibb in Steves Körper?

Besprechung

Es gibt zahlreiche Geschichten, die sich mit dem Vertauschen des Körpers (oder Geistes) beschäftigen, denn dies ist ein Grundthema nicht nur in der Philosophie, sondern auch in Volkserzählungen und in der Science-Fiction. Selbst Aristoteles machte sich Gedanken über die „Essenz" von Sokrates und Platon und fragte sich, ob beide letztendlich nicht ein und dasselbe seien. John Locke schrieb eine Erzählung über einen Prinzen und einen Flickschuster, die eines Tages erwachen und feststellen, dass sie die Körper getauscht haben. Dabei ging es ihm darum zu zeigen, dass die „Identität" stärker von den geistigen Eigenschaften bestimmt wird als von den körperlichen.

Die philosophischen Implikationen dieses Problems sind jedoch auch heute noch lange nicht erschöpft, selbst wenn die Wissenschaft behauptet, beide Arten der Identität auf dieselbe Grundlage zurückgeführt zu haben. Der Psychologe

Emile Du Bois-Reymond stellte beispielsweise im 19. Jahrhundert die Frage, welche vorstellbare Verbindung wohl bestehen könne zwischen der Bewegung bestimmter Atome im Gehirn auf der einen Seite und diesen ursprünglichen, undefinierbaren, unbestreitbaren Tatsachen auf der anderen Seite: „Ich fühle Schmerz; ich fühle Lust; ich schmecke die Süße; ich rieche den Duft von Rosen, höre den Klang der Orgel und sehe die Farbe Rot?“

Auch Bernard Williams wollte zur Erforschung dieser Frage beitragen. Er erdachte eine Maschine zum Tausch von Körpern, mit der man Wissen, Erinnerungen und Gedanken von einer Person zur anderen übertragen könne. Er beabsichtigte, die Frage ein für allemal zu beantworten und endgültig zu entscheiden, ob unsere „persönliche Identität“ eher dadurch festgelegt wird, dass wir in der Lage sind, intelligent über Kant zu diskutieren, oder doch eher dadurch, dass wir der gut gebaute Kapitän der Fußballmannschaft sind.

Um ehrlich zu sein, habe ich Williams’ Beispiel hier ein wenig ausgeschmückt. Nun, wenn also die Option ausgewählt wurde, alle Erinnerungen und Fähigkeiten mitsamt dem Charakter von Gibb auf Steve zu übertragen, halten wir es im

Rahmen dieses Gedankenexperiments womöglich für unmoralisch, dass Gibb die Rechnung (und die damit verbundene Gefängnisstrafe) an den altersschwachen „Ex-Gibb" mit den geistigen Fähigkeiten und Erinnerungen von Steve schicken lassen will. Der „echte Gibb" würde sich dann ja unbehelligt in Steves Körper aus der Verantwortung stehlen. Diese Ansicht passt zu der intuitiven Annahme, dass die „persönliche Identität" nicht von den körperlichen, sondern vielmehr von den geistigen Eigenschaften abhängt. Das wäre damit also klar.

Aber was würden wir denken, wenn der Maschine nach dem Versenden der geistigen Attribute von Gibb an Steve ein Fehler unterliefe – wenn sie sie im ursprünglichen Gibb ebenfalls intakt ließe? Oder wenn sie die geistigen Merkmale von Gibb einfach alle löschte und Steve bliebe, wie er war – höchstens ein wenig enttäuscht, weil er keine der Fähigkeiten seines Lehrers erhalten hätte? Dann wären wir uns vermutlich sicher, dass es den echten Gibb noch gäbe: Er wäre aber nur noch durch seine hinfällige körperliche Hülle definiert und nun doppelt benachteiligt, weil er durch den Vorgang zusätzlich zu seinem Geist auch noch sein ganzes Geld verloren hätte.

U für das Universum und Einsteins Versuche, es zu verstehen

SPEZIALAUSRÜSTUNG: **Landesteg, Wellen**

Als Einstein noch ein kleiner Junge war, dachte er gerne über das Wesen der elektromagnetischen Strahlung nach. (Es kommt einem ein wenig seltsam vor, aber so war es nun mal. Mehr Sorgen bereitet die Tatsache, dass es nicht nur eine vorübergehende Entwicklungsphase war.) Er fragte sich ganz speziell, wie es wohl wäre, wenn man so schnell laufen könnte wie ein Lichtstrahl.

Um seiner Fantasie etwas nachzuhelfen, stellte er sich vor, dass er einen Landesteg entlangrenne, vom äußersten Ende in Richtung Ufer, während eine große Welle, die beispielsweise von einem vorüberrauschenden Schnellboot verursacht wurde, ebenfalls dem Ufer entgegenrollte. Wenn er mit genau derselben Geschwindigkeit rennen würde, sähe es für ihn so aus, als bewege sich die Welle nicht, als sei sie eine feste Erhebung im Wasser.

Eine Welle im Meer breitet sich vom Schnellboot in Richtung Ufer aus, aber das Wasser selbst bewegt sich dabei nicht – es bleibt (mehr oder weniger) am selben Ort. Und ein Lichtstrahl ist nichts anderes als eine Welle, die sich durch das „elektromagnetische Meer“, also das Universum fortbewegt. Wie also wäre es wohl, fragte sich Einstein, wenn man sich genauso schnell fortbewegen könnte wie ein Lichtstrahl?

Würde es einem dann auch so vorkommen, als stünden die anderen Lichtwellen still?

Besprechung

Für Licht, ebenso wie für alle Arten von „elektromagnetischen“ Wellen, ist Veränderung essenziell. Laut einer Theorie von Maxwell erzeugt erst die Veränderung in einem Magnetfeld ein elektrisches Feld, und die Veränderung in einem elektrischen Feld erzeugt Magnetismus. Manche elektrischen Wellen erzeugen ein Magnetfeld, das ein elektrisches Feld erzeugt, welches wiederum ein Magnetfeld erzeugt ...

Die Welle, die sich mit einer konstanten Geschwindigkeit von 300 000 km/s durch ein elektromagnetisches Feld fortbewegt und ständig zwischen dem magnetischen und elektrischen Zustand hin und her pendelt, ist landläufig unter der Bezeichnung „Licht“ bekannt. Wie sollte es

also so etwas wie einen „bewegungslosen“ Lichtstrahl geben?

Einstein entschied, dass eine bewegungslos erscheinende Lichtwelle aufhören muss zu existieren. Unter Berufung auf empirische Beweise oder auch auf das, was unter Physikern als gesunder Menschenverstand gilt, sagte er, dass noch niemand jemals ein „räumlich oszillierendes elektromagnetisches Feld in Ruhe“ beobachtet habe. (Ich jedenfalls habe noch keines entdeckt, und mein Hund auch nicht, obwohl wir beide überall danach gesucht haben.) Später schrieb Einstein:

> Intuitiv klar erschien es mir von vornherein, daß von einem solchen Beobachter aus beurteilt, alles sich nach denselben Gesetzen abspielen müsse wie für einen relativ zur Erde ruhenden Beobachter. Denn wie sollte der erste Beobachter wissen, bzw. konstatieren können, daß er sich im Zustand rascher, gleichförmiger Bewegung befindet?

Diese Aussagen enthalten bereits den Samen der speziellen Relativitätstheorie. Wohlgemerkt, eigentlich ist an dieser alten Theorie gar nichts so Spezielles. Einstein veröffentlichte seinen Aufsatz zunächst unter dem Titel „Zur Elektrodynamik bewegter Körper", was wesentlich vernünftiger klingt, aber aus irgendeinem Grund wurde er als *Spezielle Relativitätstheorie* bekannt. Der Aufsatz beginnt mit einer Art Gedankenspiel von eher technischer Natur, das beweisen soll, dass die Elektrodynamik – die Wissenschaft von Wärme, Licht und Magnetismus – sehr gut ohne die „absolute Ruhe" auskommt, also ohne die Theorie, die wir weiter vorne in Newtons Eimer hängen ließen.

Einstein stellt sich in diesem Experiment einen Magneten und eine Drahtspirale vor, die sich relativ zueinander in Bewegung befinden. Dadurch entsteht im Draht ein elektrischer Strom. (Im Gegensatz zu dem Wettrennen mit Lichtstrahlen könnte man dies jederzeit praktisch zu Hause ausprobieren.) Zuerst stellt Einstein sich vor, dass der Draht sich bewegt, während sich der Magnet im Zustand „absoluter Ruhe" befindet. In der Art eines versierten, wenn auch aufgrund seiner Wiederholungen etwas ermüdenden Zeremonienmeisters weist Einstein darauf hin, dass dabei ein elektrischer Strom im Draht entsteht. Anschließend stellt er sich vor, der Draht befände sich in Ruhe und der Magnet bewege sich. Auch in diesem Fall entsteht ein Stromfluss im Draht. Daraufhin konstatierte Einstein, dass derartige Experimente – in Verbindung mit den erfolglosen Versuchen, eine Bewegung der Erde relativ zu einem „Lichtmedium" nachzuweisen (dem sogenannten Äther, der angeblich den Raum erfüllen und somit auch das Licht „leiten" sollte) – nahelegten, dass weder die Phänomene der Elektrodynamik noch die der Mechanik irgendwelche Eigenschaften besitzen, die mit dem Konzept der „absoluten Ruhe" in Übereinstimmung gebracht werden könnten.

Die erste Regel der speziellen Relativitätstheorie besagt stattdessen, dass die Lichtgeschwindigkeit für alle Beobachter konstant ist, ganz unabhängig von ihrer Bewegung relativ zur Lichtquelle. Die zweite Regel lautet (ähnlich wie beim Schiff des Salviati), dass jeder dieselben physikalischen Gesetze beobachten muss (es sei denn, er unterliegt anderen Beschleunigungs- oder Gravitationseffekten). Indem Einstein diese beiden Gedanken miteinander in Verbindung brachte, bewies er, dass dies nur möglich war, wenn sich Zeit und Raum verändern. Das widerspricht nun natürlich unseren alltäglichen Erfahrungen, aber es erklärt sehr wirkungsvoll einige Ereignisse, die unter selteneren Umständen auftreten. Beispielsweise haben Wissenschaftler bewiesen, dass eine Atomuhr, die in einem Düsenjet mit sehr hoher Geschwindigkeit unterwegs ist, langsamer tickt als eine Atomuhr, die am Flugplatz zurückgelassen wurde (was auch in Szenario Z zum Tragen kommt). Und bei Sonnenfinsternissen konnten Astronomen feststellen, dass das von den Sternen zu uns gelangende Licht von der Schwerkraft der Sonne abgelenkt wird.

In diesem Fall entsteht eine Wechselwirkung zwischen Materie und Energie, denn Einsteins Erkenntnis der Relativität von Zeit und Raum führte zu einer weiteren wichtigen Schlussfolgerung. Materie und Energie sind auf ewig miteinander verknüpft, wie in der berühmten Gleichung $E = mc^2$. (Wobei m die Masse und c die Lichtgeschwindigkeit darstellt. Seltsamerweise sind das genau die Anfangsbuchstaben meines Namens! Aber dafür kann Einstein nichts.)

V für die reine Vernunft und Kants Art von Gedankenexperimenten

SPEZIALAUSRÜSTUNG: **starker Tee, einige Bände von Immanuel Kant**

In der *Kritik der reinen Vernunft* legt Kant eine neue Art der Weltsicht vor, die er „spekulative Vernunft“ nennt. Spekulative Vernunft schafft Platz für die Erweiterung des Wissens, selbst wenn dieser Platz zunächst leer bleibt, weil er nur durch die Arbeit der praktischen Vernunft gefüllt werden kann. Ebenso wie Gedankenspiele kann die spekulative Vernunft:

- ihr „eigenes Vermögen ausmessen“, wie sie sich die verschiedenen Objekte zum Denken auswählt;
- selbst die verschiedenen Möglichkeiten bestimmen, in denen sie sich ihre Aufgaben vorlegt.

Dies vermögen weder die experimentelle Wissenschaft noch die Regeln der Logik. In seinem Vorwort schreibt Kant:

> Die Vernunft muß mit ihren Prinzipien, nach denen allein übereinkommende Erscheinungen für Gesetze gelten können, in einer Hand, und mit dem Experiment, das sie nach jenen ausdachte, in der anderen, an die Natur gehen, zwar um von ihr belehrt zu werden, aber nicht in der Qualität eines Schülers, der sich alles vorsagen läßt, was der Lehrer will, sondern eines bestallten Richters, der die Zeugen nötigt, auf die Fragen zu antworten, die er ihnen vorlegt.

Kant meint sogar, sein bescheidenes Buch könne als eine Art „Gedankenexperiment" betrachtet werden. Probieren wir also (kurz) eines von Kants Experimenten aus, das etwa auf halbem Weg durch die *Kritik* zur Sprache kommt. Es handelt sich um eine der berühmten vier Antinomien. Obwohl diese sich angeblich mit Raum und Zeit befassen, werfen sie sehr wenig Licht auf praktische Probleme (genau wie sein übriges Werk). Es geht vielmehr um die Natur des Denkens an sich.

In dieser zweiten Antinomie geht Kant der Frage nach, ob das Universum aus kleinen atomaren Bestandteilen aufgebaut ist oder ob es einfach nur unendliche Myriaden verschiedener Substanzen und Entitäten gibt. Er argumentiert einerseits, wenn es keine winzigen Bausteine gebe, könne es auch keine komplexen Strukturen geben. Wenn es aber weder Bausteine noch komplexe Strukturen gebe, dann ... bleibe nichts übrig, das existiert. Aber es existiert etwas! Daher scheint es so, als müsse es einfache, atomare Substanzen geben.

Andererseits müssen solche Bausteine Raum einnehmen. In der Tat erwirbt alles, was sich von außen betrachten lässt, die Eigenschaft der Zusammensetzung. Lässt sich aber in diesem Fall auch der Raum in kleine Teile zerlegen? Eindeutig nicht. Raum besteht nicht aus kleinen Stücken oder Teilen, er besteht immer aus Räumen. In diesem Fall würde gelten:

> Es könne das Dasein des schlechthin Einfachen aus keiner Erfahrung oder Wahrnehmung, weder äußeren, noch inneren, dargetan werden, und das schlechthin Einfache sei also eine bloße Idee, deren objektive Realität niemals in irgend einer möglichen Erfahrung kann dargetan werden ... Da also etwas als ein schlechthin einfaches Objekt niemals in irgend einer möglichen Erfahrung kann gegeben werden, die Sinnenwelt aber als der Inbegriff aller möglichen Erfahrungen angesehen werden muß: so ist überall in ihr nichts Einfaches gegeben.

Das ist sicherlich ein Gedankenexperiment der etwas anderen Art.

Die Frage lautet, wie Kant es ausdrückt:

„… ob es irgendwo und vielleicht in meinem denkenden Selbst eine unteilbare und unzerstörliche Einheit, oder nichts als das Teilbare und Vergängliche gebe?“

Besprechung

Philosophen bewundern die Einfachheit und „Eleganz“ der vier Antinomien. Dieses Kompliment ist jedoch im Zusammenhang mit dem ganzen Werk zu verstehen.

Immanuel Kant gehörte zu der neuen Spezies der akademischen Philosophen mit einem festen Gehalt, das es ihnen ermöglichte, lange gelehrte Abhandlungen über die Dinge zu produzieren, selbst wenn sich niemand wirklich dafür interessierte (in Fairness gegenüber ihren Vorgängern ist allerdings festzuhalten, dass sie sich auch nicht schlecht geschlagen haben). Im Lauf seiner langen, herausragenden Karriere beschäftigte Kant sich mit dem Unterschied zwischen *a priori* und *a posteriori* ebenso wie mit dem Verhältnis zwischen der Synthese und der Analyse. Er führte diese Untersuchungen sogar zusammen und unterschied das synthetische *a priori* (beispielsweise die Lehrsätze der Geometrie) vom analytischen *a priori* und sogar vom analytischen *a posteriori*, dessen Existenz er aber nicht für möglich zu halten schien. Und das alles, obwohl er anscheinend regelmäßig mittags und abends mit gelehrten Freunden speiste und als Gastgeber der äußerst beliebten „Kartenpartien" fungierte. Daneben erfand er unter anderem noch die transzendentale Ästhetik und, nicht zu vergessen, den kategorischen Imperativ.

Der arme Übersetzer der ersten englischen Ausgabe des berühmten Werks von Kant merkte jedoch in einem entschuldigenden Vorwort an:

> Er [Kant] hat niemals die Kunst des Ausdrucks erlernt. Er ermüdet durch häufige Wiederholungen und zieht eine Unmenge von Wörtern heran, um auf die umständlichste Weise etwas auszudrücken, das er mit wenigen Worten wesentlich deutlicher hätte formulieren können.

Gleichgültig wie umständlich seine Ausdrucksweise sein mag – Kant ist schließlich hauptsächlich berühmt für seine Gedanken. Und einen Großteil dieser Gedanken machen Gedankenexperimente und -spiele aus – das *ens imaginarium* oder auch das *nihil privativum* (die leere Intuition, die keinen Bezug zu echter Erfahrung hat, oder die Vorstellung dessen, was nicht in der „Realität" existiert, wie Kant verblüffenderweise will, dass wir sie klassifizieren).

Wie wir gesehen haben, verbergen sich im Zentrum des Labyrinths (wie der Übersetzer es bezeichnet) die vier Antinomien, die (wie Zenos Paradoxa) die Grenzen der Vernunft aufzeigen sollen. Kant präsentiert sie voller Zuversicht folgendermaßen:

> Diese vernünftelnden Behauptungen sind so viele Versuche, vier natürliche und unvermeidliche Probleme der Vernunft aufzulösen, deren es also nur gerade so viel, nicht mehr, auch nicht weniger, geben kann, weil es nicht mehr Reihen synthetischer Voraussetzungen gibt, welche die empirische Synthesis *a priori* begrenzen.

Kant fährt fort:

> Die Fragen: ob die Welt einen Anfang und irgendeine Grenze ihrer Ausdehnung im Raume habe, ob es irgendwo und vielleicht in meinem denkenden Selbst eine unteilbare und unzerstörliche Einheit, oder nichts als das Teilbare und Vergängliche gebe [*das war übrigens unsere Frage*], ob ich in meinen Hand-

lungen frei, oder, wie andere Wesen, an dem Faden der Natur und des Schicksals geleitet sei, ob es endlich eine oberste Weltursache gebe, oder die Naturdinge und deren Ordnung den letzten Gegenstand ausmachen, bei dem wir in allen unseren Betrachtungen stehenbleiben müssen: das sind Fragen, um deren Auflösung der Mathematiker gerne seine ganze Wissenschaft dahingäbe; denn diese kann ihm doch in Ansehung der höchsten und angelegentsten Zwecke der Menschheit keine Befriedigung verschaffen. Selbst die eigentliche Würde der Mathematik (dieses Stolzes der menschlichen Vernunft) beruht darauf, daß,da sie der Vernunft die Leitung gibt, die Natur im Großen sowohl als im Kleinen in ihrer Ordnung und Regelmäßigkeit, imgleichen in der bewunderungswürdigen Einheit der sie bewegenden Kräfte, weit über alle Erwartung der auf gemeine Erfahrung bauenden Philosophie einzusehen, sie dadurch selbst zu dem über alle Erfahrung erweiterten Gebrauch der Vernunft, Anlaß und Aufmunterung gibt, imgleichen die damit beschäftigte Weltweisheit mit den vortrefflichsten Materialien versorgt, ihre Nachforschung, so viel deren Beschaffenheit es erlaubt, durch angemessene Anschauungen zu unterstützen.

Ist demnach alles teilbar – oder doch nicht?

Unglücklicherweise für die Spekulation (vielleicht aber zum Glück für die praktische Bestimmung des

> Menschen) sieht sich die Vernunft, mitten unter ihren größesten Erwartungen, in einem Gedränge von Gründen und Gegengründen so befangen, daß, da es sowohl ihrer Ehre, als auch sogar ihrer Sicherheit wegen nicht tunlich ist, sich zurückzuziehen, und diesem Zwist als einem bloßen Spielgefechte gleichgültig zuzusehen, noch weniger schlechthin Friede zu gebieten, weil der Gegenstand des Streits sehr interessiert, ihr nichts weiter übrigbleibt, als über den Ursprung dieser Veruneinigung der Vernunft mit sich selbst nachzusinnen, ob nicht etwa ein bloßer Mißverstand daran schuld sei, nach dessen Erörterung zwar beiderseits stolze Ansprüche vielleicht wegfallen, aber dafür ein dauerhaft ruhiges Regiment der Vernunft über Verstand und Sinne seinen Anfang nehmen würde.

Das ist sicher keine klare Antwort. Immanuel Kant möchte damit aber möglicherweise ausdrücken, dass es in der Tat einen Ort und eine Rolle für Gedankenspiele gibt, selbst bei derart dornigen metaphysischen Themen.

W für Wittgensteins Käfer

SPEZIALAUSRÜSTUNG: **Streichholzschachtel (kann ruhig leer sein)**

In diesem berühmten Gedankenexperiment bietet uns Ludwig Wittgenstein, der dieser Methode eigentlich sehr skeptisch gegenüberstand, eine neue Betrachtungsweise der Natur der Sprache an. Zu Beginn spaziert nun gemächlich der Käfer über die Seite ...

> ... Angenommen, es hätte Jeder eine Schachtel, darin wäre etwas, was wir „Käfer" nennen. Niemand kann je in die Schachtel des Andern schaun; und Jeder sagt, er wisse nur vom Anblick seines Käfers, was ein Käfer ist. – Da könnte es ja sein, daß Jeder ein anderes Ding in seiner Schachtel hätte. Ja, man könnte sich vorstellen, daß sich ein solches Ding fortwährend veränderte. – Aber wenn nun das Wort „Käfer" dieser Leute doch einen Gebrauch hätte? – So wäre er nicht der der Bezeichnung eines Dings. Das Ding in der Schachtel gehört überhaupt nicht zum Sprachspiel; auch nicht einmal als ein Etwas: denn die Schachtel könnte auch leer sein. – Nein, durch dieses Ding in der Schachtel kann „gekürzt werden"; es

hebt sich weg, was immer es ist.
(*Philosophische Untersuchungen*, Absatz 293)

Wittgensteins Käfer soll zeigen, dass die Menschen gemeinhin annehmen, sie sprächen über ein und dieselbe Sache, nur weil alle dieselben Wörter verwenden. Tatsächlich sprechen sie aber vielleicht über ganz verschiedene Dinge und außerdem auf ganz verschiedene Art und Weise. Es gibt eine direkte Parallele zwischen dem Käfer in der Schachtel und beispielsweise dem „Bewusstsein" oder vielleicht auch einem Gefühl des „Schmerzes" in einer persönlichen „Käferschachtel" oder auch „Kopf". Jeder hat ein solches Gefühl, aber auch nur er selbst kann es ansehen, und er kann nicht zulassen, dass ein anderer die „Schachtel öffnet".

Und der Käfer soll die Rolle der Wörter und, ganz im Allgemeinen, der Konzepte übernehmen. Er soll das Bindeglied, das die Wörter zwischen den Konzepten in unseren Köpfen und den Dingen in der Welt herstellen, wieder trennen. Heute behaupten Linguisten, Ärzte und Psychologen, Künstler und Ästheten gleichermaßen, dass

der Käfer die konventionelle Ansicht über die Stabilität von Bedeutung und Sprache radikal verändert.

Hat der Käfer das jetzt gerade getan?

Besprechung

Oder ist das Gedankenexperiment einfach nur schlecht durchdacht, weil die angenommene Schlussfolgerung sich nicht wirklich aus den vorgegebenen Annahmen ergibt? Wie wäre es, wenn alle Menschen von Geburt an eine geheime Schachtel mit einem Käfer darin mit sich herumtragen würden? Stellen wir auf der Grundlage von Wittgensteins „Käferschachteln" einmal ein eigenes Gedankenexperiment an:

Auf einer bestimmten Insel ist es Tradition, dass jedes Kind bei der Geburt eine kleine „Käferschachtel", die so groß wie eine Streichholzschachtel ist, geschenkt bekommt. Diese Schachteln werden sehr hoch geschätzt und sind sehr persönlich. Niemand darf jemals in die Schachtel eines anderen hineinschauen um zu sehen, was sie enthält. Alle müssen sich damit zufriedengeben, nur den Inhalt ihrer eigenen Schachtel zu inspizieren.

Nun befinden sich in manchen Schachteln große, schwarze Käfer, in anderen kleine, rote, die bei uns Ameisen genannt würden, und in wieder anderen Schachteln stecken Kakerlaken. Auf der Insel gibt es ansonsten keine Käfer, Ameisen und auch keine Kakerlaken, sodass niemand je in Versuchung gerät auszurufen: „Oh, schaut, dort läuft mein Käfer!" Und da es nicht gestattet ist, den Inhalt der Schachteln zu malen oder zu fotografieren, können die Leute nur miteinander davon sprechen, indem sie von „ihrem Käfer" erzählen.

Dennoch würde dies bereits genügen, um Vergleiche anzustellen. Jemand könnte eine rote Beere betrachten und sagen: „Mein Käfer hat genau diese Farbe." Ein anderer sieht eine Münze und ruft: „Die ist so groß wie mein Käfer." Noch ein anderer bemerkt eine hastende Spinne und sagt darauf vielleicht: „Das da bewegt sich wie mein Käfer." Mit der Zeit ergäbe sich daraus ein vollständiges Bild der verschiedenen Käfer, das die Leute einander mitteilen könnten, und es würde offensichtlich, dass sich die Käfer in den Schachteln stark unterscheiden.

So werden schließlich alle erkennen, dass der Käfer die zahlreichen Schlussfolgerungen der

Philosophen, Psychologen und anderen Leute keineswegs stützt. Wenn überhaupt, wäre dieses Gedankenspiel eher geeignet, die Stabilität der Sprache und der Kommunikation zu demonstrieren. Ein besseres Gedankenexperiment hätte vielleicht auch eine bessere Debatte eröffnet.

Andererseits vielleicht auch wieder nicht.

X für Xenophanes und den Einfluss von Vorbildern

SPEZIALAUSRÜSTUNG: **Ross oder Ochse, die malen können**

Alles haben Homer und Hesiod den Göttern angehängt, was nur bei Menschen Schimpf und Schande ist: Stehlen und Ehebrechen und sich gegenseitig Betrügen ... Doch wähnen die Sterblichen, die Götter würden geboren und hätten Gewand und Stimme und Gestalt wie sie.

Doch wenn die Ochsen [und Rosse] und Löwen Hände hätten oder malen könnten mit ihren Händen und Werke bilden wie die Menschen, so würden die Rosse roßähnliche, die Ochsen ochsenähnliche Göttergestalten malen und solche Körper bilden, wie [jede Art] gerade selbst das Aussehen hätte.

Die Äthiopen [behaupten, ihre Götter] seien schwarz und stumpfnasig, die Thraker, blauäugig und rothaarig.

(*Fragmente*, 11-16)

(Andererseits wird ja auch halb scherzhaft gesagt: „Wenn Tiere an Gott glauben würden, wäre der Teufel von menschlicher Gestalt.“)

Xenophanes wurde vor etwa zweieinhalbtausend Jahren in Kolophon in Kleinasien geboren und verbrachte den größten Teil des sechsten vorchristlichen Jahrhunderts als wandernder Dichter. Er gab Trinklieder zum Besten und erzählte die Geschichten um Zeus und die anderen griechischen Götter nach. Schließlich ließ er sich im süditalienischen Elea nieder, wo er eine der ersten philosophischen Schulen, die Eleatische Schule, gründete. Zu ihren bekannten Anhängern zählten später Parmenides und Zeno.

Genau hier, in einem langen philosophischen Gedicht mit dem Namen *Über die Natur*, unternahm Xenophanes einige sehr wichtige Dinge. Erstens stellte er die zentralen Inhalte der griechischen Religion infrage, was damals allein schon zur Hinrichtung führen konnte (wie es bei Sokrates tatsächlich der Fall war). Xenophanes konnte jedoch anscheinend mit seinen subversiven Texten sehr gut leben. Zweitens verwendet er in seinem Gedicht eine neue Art der Argumentation anhand von Vergleichen. Damit will er zeigen, dass die Vorstellungen, die sich die Menschen von ihren Göttern machen, in enger Beziehung zu ihren eigenen Eigenschaften stehen.

Xenophanes vertritt die Ansicht, dass es anstelle der unübersichtlichen griechischen Götterwelt nur einen einzigen, ewigen Gott gibt (vorzugsweise in Kugelform). Nach Meinung der Theologen führte er damit den „Monotheismus" in die westliche Gedankenwelt ein – nicht schlecht für eines der ersten, sozusagen „prototypischen" Gedankenspiele überhaupt.

Da der Gott des Xenophanes das gesamte Universum, und damit auch als winzig kleinen Teil die Menschheit, einschließt, könnte man ihn allerdings auch als „Pantheisten" oder sogar als Atheisten ansehen.

Wie dem auch sei: Wie wissenschaftlich ist seine Methode?

Besprechung

Xenophanes ist auch deswegen in Erinnerung geblieben, weil er fossile Fische und Muscheln untersuchte und daraus schloss, dass der Boden, auf dem sie gefunden wurden, früher einmal unter Wasser gelegen haben müsse. Er entwickelte die Theorie, dass sich die Welt aus kondensierendem Wasser und „urzeitlichem Schlamm" gebildet haben könnte. Aus der Existenz der Fossilien schloss er außerdem, dass sich die Welt aus einer Mischung aus Erde und Wasser gebildet habe und dass sich die Erde langsam wieder auflösen werde. Er glaubte, dass die Erde diesen Kreislauf schon mehrmals durchlaufen habe.

Bei Mondfinsternissen beobachtete Xenophanes den Schatten, den die Erde auf den Mond wirft, und folgerte daraus, dass die Erde dieselbe Form haben müsse wie ihr Schatten – ein perfekter Kreis. Aus diesem Grund könne die Erde weder flach sein, wie Empedokles und Anaximenes dachten, noch trommelförmig (Leukippos), und auch nicht schüsselförmig (Heraklit), hohl (Demokrit) oder zylindrisch (Anaximander). Sie könne sich auch nicht unendlich nach unten erstrecken, wie es Xenophon lehrte – nein, sie müsse eine exakte Kugel sein.

Seines Rufs als Trinker ungeachtet, beweist Xenophanes in den wenigen Fragmenten, die von seinem Werk erhalten sind, eine bemerkenswert wissenschaftliche und skeptische Weltanschauung. Nun, er entstammte ja auch der Schule von Milet in Kleinasien, die von Thales gegründet worden war. Thales war dafür berühmt, dass er die Sonnenfinsternis von 585 v. Chr. vorhergesagt (und damit einen Krieg beendet) hatte. In einem weiteren Fragment entzauberte Xenophanes den Regenbogen, in dem andere das Werk der Göttin Isis erkannten, als einfache Wolke, die purpur, rot und gelblich-grün gefärbt sei. An anderer Stelle sagte er, der Mensch könne niemals sicheres Wissen besitzen, alles sei nur „Meinung“, und obwohl der Mensch durch gründliches Suchen sein Verständnis der Dinge vertiefen könne, so erreiche er damit keineswegs „echtes Wissen“.

> Und was nun die Wahrheit betrifft, so gab es und wird es Niemand geben, der sie wüßte in bezug auf die Götter und alle Dinge, die ich nur immer erwähne. Denn spräche er auch einmal zufällig das allervollendetste, so weiß er's selber doch nicht. Denn nur Wahn ist allen beschieden.

Y für das mYsterium der Unendlichkeit bei Zeno

SPEZIALAUSRÜSTUNG: **ein Buch über Gedankenexperimente**

Zeno, der Philosoph der Schildkröten und Läufer, der Prüfer des gesunden Menschenverstands und des Atomismus, ist einer der ersten großen Gedankenexperimentatoren.

Wie jeder weiß, stellte sich Zeno ein Wettrennen zwischen einer Schildkröte und Achilles vor. Die Schildkröte erhält einen großzügigen Vorsprung: Sie darf bei der Hälfte der Strecke beginnen. Natürlich muss Achilles immer zuerst dorthin laufen, wo die Schildkröte gerade war, bevor er aufholen kann. Und gleichgültig, wie langsam die Schildkröte auch sein mag, sie wird auf jeden Fall in dieser Zeit ein wenig weiter vorangekommen sein.

Selbst wenn der Vorsprung inzwischen nur noch wenige Meter beträgt, muss Achilles ihn weiterhin einholen. Und sobald er dies geschafft hat, hat sich auch die Schildkröte wieder vorwärts bewegt, und sei es nur um ein paar Zentimeter. Und so geht es weiter, unendlich viele immer kleiner werdende Schritte lang ... Wie es aussieht, kann Achilles die Schildkröte niemals wirklich einholen.

Ein lächerliches Beispiel an dieser Stelle, beinahe am Ende des Buches. Schließlich wurde die Frage schon lange beantwortet.

Aber – wurde sie das wirklich?

Besprechung

Dieses Wettrennen bereitete den Philosophen jahrhundertelang starke Kopfschmerzen. Aristoteles versuchte zu beweisen, dass man die Dinge nicht auf diese Weise in immer kleinere Teile zerlegen kann. Er dachte, dass sich zwar der Raum in immer kleinere Teile zerlegen lasse, aber nicht die Zeit. Die Zeit müsse als Kontinuum betrachtet werden, sodass Achilles, wie es wunschenswert wäre, an der Schildkröte vorbeiziehen könne.

Andere appellierten an die Mathematik, und zwar besonders an die Möglichkeit, dass die Summe einer unendlichen Reihe eine endliche Zahl sein könne, vorausgesetzt, die Zahlen werden immer kleiner. In diesem Fall muss Achilles ungefähr die Hälfte der Strecke plus einen weiteren Abschnitt zurücklegen – 1/128, 1/8192 und so weiter – um seinen Gegner einzuholen, und die unendliche Reihe wird, zumindest in der Mathematik, sehr viel kleiner als 1 sein, sodass Achilles bei dem Rennen tatsächlich sehr wahrscheinlich an seinem vierbeinigen Gegner vorbeiziehen wird – wahrscheinlich sogar noch vor dem letzten Viertel der Strecke. Doch wer sich hier auf die Mathematik beruft, kann sich ebenso gut auf die Geschichte der Wettrennen zwischen echten Sportlern und Schildkröten berufen. Zeno *wusste*, dass Schildkröten nicht besonders schnell laufen können. Er wollte zeigen, dass vernünftige Annahmen über Unendlichkeit und Teilbarkeit zu absurden Schlussfolgerungen führen. Und seine Gegner vergessen, dass das, was in der Mathematik möglich ist, auf ebenso tönernen Füßen steht wie die Voraussetzungen, die man zu Beginn unvermeidlich festlegen muss.

Zeno fragt nicht, ob Schildkröten schwer einzuholen sind oder nicht. Er will uns zeigen, dass unsere vernünftigen und sehr fundamentalen Begriffe von Raum, Zeit und Unendlichkeit auf recht wackligen Beinen stehen. Und das gilt heute noch ebenso wie früher.

Dies bringt uns zu der Frage zurück, die Lukrez mit seiner Lanze stellte: „Worin befindet sich das Universum?“

Und diese Frage (die auch Zeno selbst gestellt hat) ist nicht leicht zu beantworten. Die theoretischen Physiker gehen heute davon aus, dass wir ein tatsächlich oder effektiv unendliches Universum bewohnen. Da sie außerdem davon ausgehen, dass die Geschwindigkeit, mit der Informationen übertragen werden können, endlich ist (die Lichtgeschwindigkeit), scheint daraus zu folgen, dass wir möglicherweise in einer Art „Hubble-Bubble“, einer Blase, einem Mini-Universum leben, dessen Ausdehnung durch die Strecke definiert wird, die das Licht seit seiner Entstehung zurückgelegt haben kann. Dieses Mini-Universum könnte von unendlich vielen „Paralleluniversen“ umgeben sein, die sich alle in ihren eigenen „Hubble-Bubbles“ befinden.

In diesen „anderen Welten“ existieren alle möglichen Anordnungen von Materie, die alle nur durch die Kombination aus Wahrscheinlichkeit und unendlichen Möglichkeiten ins Leben gerufen werden. Laut Max Tegmark, einem Professor der Physik (also sollte er wohl wissen, wovon er spricht, selbst wenn er noch keine

Beweise gefunden hat, die sich in Schachteln in seinem Lagerraum aufbewahren ließen), gibt es in einem dieser Universen eine exakte Kopie von Ihnen, die eine exakte Kopie dieses Buches liest – abgesehen davon, dass Sie dort aus irgendeinem Grund nur bis *G für Galileo Galileis Kugeln* gekommen sind, wo Sie dann den Faden verloren haben. (Glücklicherweise gibt es in anderen Universen dafür Exemplare von Ihnen (mit grünen Haaren), die das Buch bereits zufrieden aus der Hand legen und die auch das Szenario Y völlig problemlos verstanden haben.)

Diese Theorie erscheint ziemlich dumm (um es ganz schlicht auszudrücken). Da könnte ich mir noch eher vorstellen, dass die Schildkröte das Rennen gewinnt. Doch Max Tegmark lässt sich von gesundem Menschenverstand nicht einschüchtern. Seiner Meinung nach ist es viel einfacher, einen Kosmos anzunehmen, in dem zu jeder Zeit alles Mögliche existiert, als komplizierte Erklärungen und Theorien dafür aufzustellen, dass man ausgerechnet den Kosmos erhält, der dem entspricht, den wir „gerade zufällig bewohnen".

In gewissem Sinn ist die Physik wieder am Ausgangspunkt des Kreises angekommen. Sie schließt sich der Philosophie dort wieder an, wo alles begann, in einer „metaphysischen" Weltsicht. Das Wesen solcher Theorien macht es nämlich unmöglich, sie zu prüfen. Die Paralleluniversen müssen für immer verborgen bleiben, vielleicht ableitbar, aber nie beobachtbar. Wenn sich auch das fundamentale Wesen der Materie als nicht beobachtbar erweist – vielleicht als Energiewelle, die auf ewig subatomare Teilchen zwischen Existenz und Nichtexistenz hin und her katapultiert und die dem Nichts den Anschein von Festigkeit verleiht –, dann könnte sich herausstellen, dass die „allumfassende Theorie", nach der die Mathematiker und Philosophen auf ihren unterschiedlichen Wegen seit so langer Zeit suchen, jenseits aller praktischen Experimente liegt. Dann wäre die einzige Art sie zu entwickeln und zu testen – Gedankenexperimente.

Z für die zeitreisenden Zwillinge

SPEZIALAUSRÜSTUNG: **ein Raumschiff**

In einer seiner Science-Fiction-Geschichten erzählt H. G. Wells von einem viktorianischen Erfinder, der in seinem Wohnzimmer in einer Zeitmaschine sitzt und verwundert zusieht, wie die Sonne in schneller Folge auf- und wieder untergeht, wie die Blätter im Garten von den Bäumen fallen und wieder sprießen, bis der Zeitreisende endlich (mit einer kleinen Rauchexplosion und einer leichten Erschütterung) in ferner Zukunft ankommt. Er fühlt sich zwar etwas verwirrt, aber nicht ungebührlich aus der Fassung gebracht.

Leider lässt die Technologie so etwas bis heute noch nicht zu. Der Gedanke an Zeitreisen ist jedoch nicht nur alt, sondern auch vollkommen ernst gemeint. Einsteins Relativitätstheorie, die als mathematische Beschreibung der physikalischen Welt heutzutage allgemein anerkannt ist, sieht die Möglichkeit von Zeitreisen – und zwar sowohl in die Zukunft als auch in die Vergangenheit – durchaus vor. Das Universum lässt sie durchaus zu, sie sind nur leider praktisch sehr schwer durchführbar.

Für Gedankenexperimentatoren stellen sie aber kein Problem dar, denn Menschen wie H. G. Wells geben sich nicht mit der Durchführbarkeit ab – die Möglichkeit allein genügt vollkommen.

Eine der bekanntesten fantastischen Reisen ist die der zeitreisenden Zwillinge. Zwilling 1 bleibt in Beijing im Kontrollzentrum der Weltraummission, während sich Zwilling 2 in einem schnellen Raumschiff, das beinahe auf Lichtgeschwindigkeit beschleunigen kann, auf den Weg zu unserem Nachbarstern Alpha Centauri macht. Die Zwillinge tragen ihre Trennung mit Fassung: Der eine wartet auf die Rückkehr des anderen.

Als dann das Raumschiff wieder landet und Zwilling 2 aussteigt, nachdem er 20 zwar spannende, aber auch extrem ermüdende Jahre auf der Reise durch das Weltall verbracht hat, kann er Zwilling 1 nirgendwo entdecken. Wie kann das sein! Wo bleibt die nötige Anerkennung?! Die Erklärung, als sie endlich kommt, ist keineswegs tröstlich. In dem Raumschiff sind „nur" 20 Jahre vergangen und Zwilling 2 ist daher auch „nur" um 20 Jahre gealtert. Auf der Erde dagegen ist viel mehr Zeit verstrichen und Zwilling 1 ist inzwischen zu einem alten, weißhaarigen Veteranen geworden, der ganz langsam im Rollstuhl die Rampe des Raumschiffs hinaufgerollt werden muss, wenn er Zwilling 2 besuchen will.

Dies ist das berühmte „Zwillingsparadoxon“, das die Vertreter der Relativitätstheorie so gerne als Beispiel für die Auswirkungen einer Reise mit Beinahe-Lichtgeschwindigkeit heranziehen. Physiker haben den Effekt mithilfe von Atomuhren und dergleichen auch ziemlich überzeugend nachgewiesen. (Solche Zeitverschiebungen sind inzwischen Standardvorgänge bei der Steuerung von Satelliten in Low Earth Orbits, also in niedrigen Erdumlaufbahnen in Höhen zwischen etwa 200 und 2000 Kilometern.)

Da wir uns mit diesem Paradoxon aber noch nicht zufriedengeben, nehmen wir weiter an, dass Zwilling 2 nun bedauert, dass er so lange unterwegs war, nur um zum nächsten Stern zu fliegen. Er begibt sich geradewegs in die „Zeitreisekabine“ des Raumfahrtzentrums (die während seiner Abwesenheit erfunden worden war). Zwilling 2 justiert das Zeitrad um 101 Jahre zurück, weil er in die Vergangenheit zurückkehren und seinen Zwilling dazu überreden will, mit ihm zu kommen. Summ, summ, summ! (Sterne und Nächte werden in rascher Folge zu Sonnenauf- und -untergängen, Schnee fällt und schmilzt wieder, das Raumfahrtzentrum verschwindet und macht einer Blumenwiese Platz.) Zwilling 2 steigt aus der Maschine, spaziert zur nächsten Straße und sieht ein Auto herannahen. Er tritt auf die Straße und winkt, weil er es anhalten will. Durch einen seltsamen Zufall ist der Fahrer niemand anders als die zerstreute Professorin, der Jahre später die Erfindung der Zeitmaschine zugeschrieben werden soll, die Zwilling 2 soeben benutzt hat.

Leider ist diese Professorin zwar zweifellos überaus intelligent, aber als Autofahrerin sehr unaufmerksam (sie ist schließlich mit höheren Dingen beschäftigt). Das plötzliche Auftauchen eines Anhalters erschreckt sie so sehr, dass sie aus Versehen von der Straße abkommt und gegen einen Baum prallt. So verlässt sie unsere irdische Welt, ohne jemals etwas erfunden zu haben.

Die verwirrende Frage, vor der Zwilling 2 nun steht, lautet: Wie ist es möglich, dass ein Zeitreisender die Person tötet, die seine Zeitreise überhaupt erst ermöglicht hat?

Besprechung

Zwilling 2 ist deshalb so verwirrt, weil er der festen Überzeugung ist, dass Zeitreisende irgendwie daran gehindert werden müssten, die Ursache-Wirkungs-Ketten zu verändern, weil sonst die Grundlagen des Universums gefährdet wären. Zwilling 1 zuckt jedoch nur mit den Schultern, als sich die beiden später darüber unterhalten. Er meint, die Unlogik des Ganzen schließe vielleicht einige direkt und eindeutig widersprüchliche Ereignisse aus, spreche aber nicht gegen Zeitreisen im Allgemeinen. Vielleicht hatte die Professorin das Konzept ihrer Zeitmaschine ja bereits jemandem mitgeteilt ...?

Zwilling 1 ist ohnehin nicht der Meinung, dass sie nun beide zu Alpha Centauri reisen sollten. Er will, dass sie beide auf der Erde bleiben, denn dann bräuchten sie gar keine Zeitmaschine. „Aber ich habe sie doch schon benutzt!“, ruft Zwilling 2 genervt. Da stockt er. Wenn er es genau betrachtet ... hat er es in gewisser Weise auch wieder nicht getan ...

Das „Who is who“

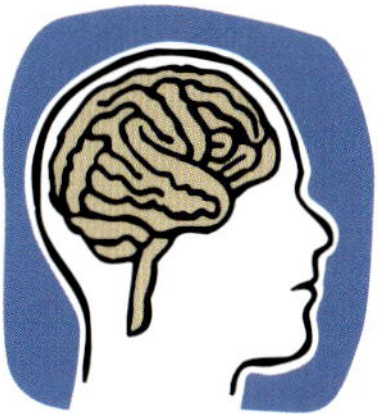

Aristoteles (384–322 v. Chr.)

Aristoteles hätte sich mit Freuden an allen Diskussionen in diesem Buch beteiligt, denn seine Interessen erstreckten sich über die Naturwissenschaften, die Mathematik, die Künste und natürlich auch die metaphysische Spekulation. Er beging nur den einen Fehler, gelegentlich auf dem falschen Gebiet den falschen Ansatz zu verwenden.

Edward de Bono (*1933)

De Bono ist der Management-Guru, der den Begriff des „lateralen Denkens“ (Querdenken) prägte. Seine zahlreichen Bücher preisen zwar verschiedene Arten von Gedankenspielen, aber keine in unserem Sinne, daher findet er in diesem Buch keine Erwähnung.

Charles Darwin (1809–1882)

Von Darwin wird in der Regel behauptet, er habe das Ende der rein intellektuellen Theorien eingeläutet (beispielsweise dass die Welt so kompliziert sei, dass sie notwendigerweise von einem Gott erschaffen sein müsse). Mit Darwin begann das Zeitalter der soliden, streng objektiven, empirischen Forschung. Doch auch seine Theorie ließ, wie alle großen Theorien, nicht wenige ungeklärte Fragen offen, die auch durch noch so viele gesammelte Daten nicht gelöst werden konnten.

René Descartes (1596–1650)

Auch von Descartes wurde oft behauptet, er habe das moderne Zeitalter „eingeläutet". Seine mathematischen und naturwissenschaftlichen Schriften zeigen ganz klar, dass er ein origineller und innovativer Denker war. Dennoch hat er seinen berühmten Ausspruch „Ich denke, also bin ich" direkt von seinen augustinischen Lehrern „entlehnt", und auch die meisten seiner Gedankenexperimente, mit denen er ergründen wollte, ob die Welt nur eine Illusion ist, lassen sich bis zu Platon zurückverfolgen.

Roger-Pol Droit (*1949)

Droit ist der Gegenwartsschriftsteller und französische Philosoph, dessen Ansatz alles andere als naturwissenschaftlich ist, obwohl er am Zentrum für naturwissenschaftliche Forschung in Paris arbeitet.

Albert Einstein (1879–1955)

Einstein war der Patentamtsangestellte, der sich durch seine Spekulationen über die grundlegende Natur des Universums einen gewissen Ruf erwarb. Seine Relativitätstheorie erklärte die Lichtgeschwindigkeit zu einer Konstanten und machte alles andere relativ.

Johann Fichte (1762–1814)

Er war kein großer Freund von Gedankenexperimenten, sondern ein deutscher Philosophieprofessor, der eine eher „kantische“ Weltsicht vertrat. So betrachtet ist die Realität im Wesentlichen nur ein Nebenprodukt des Denkens, eine Schöpfung des Geistes.

Gottlob Frege (1848–1925)

Ein dickköpfiger deutscher Logiker und Philosoph, der, soweit ich weiß, der Methode des Gedankenexperiments aus dem Weg ging und stattdessen die Überlegenheit der Logik pries. Plötzlich sah er sich jedoch mit einem seltsamen Rätsel konfrontiert und erkannte die Relevanz der Methode: Ein Friseur erhält im Rahmen einer öffentlichen Kampagne den Auftrag, allen Menschen, die sich normalerweise die Haare nicht selbst schneiden, die Haare zu schneiden. Was aber geschieht mit seinem eigenen Haar? (Bertrand Russell schrieb ihm in etwas genaueren Worten, um ihn auf den logischen Konflikt aufmerksam zu machen. Siehe unten.)

Galileo Galilei (1564–1642)

Die meisten der wichtigsten Werke Galileis entstanden nicht als Resultat von Beobachtungen, sondern als Folge von Gedankenexperimenten, die er nur in seiner Vorstellung durchspielte, obwohl er die neuen „Technologien“, beispielsweise das Teleskop, ebenfalls mit großer Wirkung verwendete. In Wahrheit „entlehnte“ er viele Erkenntnisse und Theorien von anderen Denkern und wird sogar als unerträglich arrogante und eitle Person beschrieben. Nichtsdestoweniger bleibt die Tatsache, dass er unter allen Naturphilosophen einer der Meister dieser Methode war.

Charlotte Perkins Gilman (1860–1935)

Sie war die Herausgeberin der Zeitung *The Forerunner* (Der Vorläufer) und die Verfasserin der Studie *Women and Economics* (Frauen und Wirtschaft, 1898), die sich als eine der ersten mit der Rolle der Frauen im Wirtschaftssystem auseinandersetzte. In anderen Büchern wie *Moving the Mountain* (1911) und *With Her in Ourland* (1916) verwendete sie dieselbe literarische Form wie Sir Thomas Moore in seiner Beschreibung des Landes Utopia.

David Hume (1711–1776)

Er ist der schottische Philosoph, nach dessen Ansicht die Menschen kaum je so vernünftig denken, wie gemeinhin angenommen wird (zumindest in philosophischen Kreisen). Sie bringen vielmehr Ideen oder Eindrücke miteinander in Verbindung, entweder weil sie es so gewohnt sind oder weil ihnen die neue Kombination ästhetisch besser gefällt. Sein *Treatise on Human Nature* (*Traktat über die menschliche Natur*, 1739), in dem auch die Blauschattierungen vorkommen, wurde nach seinem Erscheinen weitgehend ignoriert. „Es fiel totgeboren aus der Druckerpresse“, wie er selbst es traurig ausdrückte.

Immanuel Kant (1724–1804)

Er gilt als der kühnste, wenn nicht gar der größte deutsche Philosoph, der sozusagen die Richtung vorgab, in die sich die deutsche Philosophie nach ihm entwickelte. Wir interessieren uns hier vor allem für seine Definition dessen, was der Mensch wissen kann, aber leider ist seine Antwort zu kompliziert und unverständlich. Auch in seinen anderen Interessensgebieten, der Ethik und der Raum-Zeit-Physik, war er sehr produktiv und einflussreich, doch in diesen Fällen lag er definitiv falsch – zumindest so falsch, wie es in der Philosophie möglich ist.

Gottfried Leibniz (1646–1716)

Auch er war einer dieser undurchsichtigen und schwierigen deutschen Philosophen. Er behauptete, es gebe zwei Arten von Wahrheiten, nämlich die notwendigen und ... äh ... die nicht notwendigen – oder „kontingenten“, wie die Philosophen dies so schön wissenschaftlich ausdrücken. Die Naturgesetze zählen beispielsweise zu den letzteren, da sie nur zufällig wahr sind. Sein Identitätsprinzip (welches besagt, dass zwei Dinge dieselben Eigenschaften besitzen müssen, wenn sie identisch sind) ist in Wahrheit die umgekehrte Formulierung eines älteren Prinzips, das Aristoteles bereits vorgeschlagen hatte: Wenn zwei Dinge identisch sind, besitzen sie dieselben Eigenschaften. Leibniz war außerdem der Meinung, dass das Universum aus einer unendlichen Zahl möglicher Universen bestehe, die mit einer unendlichen Zahl identischer „Monaden“ angefüllt seien – was immer das sein mag.

Ernst Mach (1838–1916)

Ernst Mach wird die Prägung des Begriffs „Gedankenexperiment“ zugeschrieben, und er selbst war sehr experimentierfreudig. Er war ein strikter Gegner metaphysischer Begriffe wie beispielsweise des „absoluten Raums“ von Isaac Newton, da sich die Wissenschaft seiner Meinung nach an das Beobachtbare halten sollte. Da wir Menschen jedoch nur relative Beobachtungen machen können – wir müssen unsere Erfahrungen schließlich immer mit anderen verknüpfen –, können wir sinnvollerweise auch nur über relative Bewegung sprechen. Dennoch legte er in seinem Werk *Die Mechanik in ihrer Entwicklung* (1883) seine Ansicht dar, dass alle Menschen ein großes Reservoir an „instinktivem Wissen“ besäßen, auf das wir zurückgreifen und das wir auch erweitern könnten, ohne uns dessen überhaupt bewusst zu sein.

Isaac Newton (1643–1727)

Über Sir Isaac Newton wird häufig gesagt, er sei für die Naturwissenschaften das gewesen, was Euklid für die Mathematik war. Seine *Principia* (1686) systematisierten die Mechanik, also die Wissenschaft von den Körpern und ihrer Bewegung, ebenso wie Euklid die Geometrie systematisierte. Beide legten die Begriffe und Definitionen für alle anderen fest. Newton erachtete es als notwendig, sich auch mit ansonsten scheinbar philosophischen Themen zu befassen, wie beispielsweise der Natur des „Raumes“ und der „echten Bewegung“ (besonders mit den Ideen von Descartes). Er beschäftigte sich hier mit bestimmten paradoxen Problemen, beispielsweise mit der Frage, wie es möglich sein könnte, dass die Erde laufend von der Sonne weg „beschleunigt“ wird, sie aber dennoch bewegungslos bleibt. Auch wenn sein „absoluter Raum“ in diesem Buch ziemlich durch den Kakao gezogen wird, soll das die Komplexität des Problems keineswegs schmälern.

Platon (427–347 v. Chr.)

Er wird in der Regel als bedeutendster „systematischer“ Denker des antiken Griechenlands verehrt, obwohl in der Praxis schwer zu beurteilen ist, was er wirklich dachte und was er nur berichtete. In den Werken, die ihm zugerechnet werden, finden sich zahlreiche äußerst aussagekräftige „Gedankenexperimente“ wie der Ring des Gyges oder das Höhlengleichnis und so weiter. Seine Dialoge bildeten die Parameter für zukünftige Diskussionen über diesen und auch zahlreiche andere Ansätze und Methoden.

Ptolemäus (87–150 n. Chr.)

Er war Astronom, Mathematiker und Geograf im alten Griechenland (obwohl er in Ägypten lebte). Er ist nicht gerade bekannt für Gedankenexperimente, aber anhand seines dreizehnbändigen Werks über den Himmel, der bei ihm aus mindestens 80 ineinander wirkenden Himmelssphären zusammengesetzt ist, ließen sich Positionen genauer bestimmen als nach dem kopernikanischen Modell, durch das es später ersetzt wurde.

Bertrand Russell (1872–1970)

Russell war einer der Lehrer Wittgensteins und zweifelte an dessen Ansatz – ein Kompliment, das sein Schüler erwiderte. Als Krönung seines Werks wollte Russell eine streng logische Grundlage der Mathematik, Philosophie und Naturwissenschaften entwerfen, doch er musste dieses Ziel aufgeben, nachdem er das paradoxe Gedankenexperiment „entdeckte", das hier bereits im Zusammenhang mit Gottlob Frege beschrieben wurde: Die Menge aller Teile, die selbst nicht Teil einer Menge sind, kann nicht entscheiden, ob sie Teil ihrer selbst ist – oder nicht. Dieses „Klassenparadoxon", das auch als „Russellsches Paradoxon" bezeichnet wird, bereitete ihm viele schlaflose Nächte, schien es doch sein großartiges System zu ruinieren. Glücklicherweise finden sich in seinen zahlreichen Werken hervorragende bescheidenere „Gedankenexperimente" wie beispielsweise der Kannibale.

Erwin Schrödinger (1887–1961)

Schrödingers berühmte Katze ist Teil eines grausamen Gedankenexperiments aus dem Jahr 1935, das die so genannte „Kopenhagener Interpretation" lächerlich machen sollte. Diese in physikalischen Kreisen vertretene Ansicht ließ es zu, dass Dinge gleichzeitig existieren und nicht existieren können. (Sehr frei nach Shakespeare: „Sein oder nicht sein – das ist keine Frage mehr").

C. P. Snow (1905–1980)

Er war der englische Schriftsteller und Naturwissenschaftler, der in seinem Buch *The Two Cultures* (*Die zwei Kulturen*) davor warnte, die Naturwissenschaften vom übrigen kulturellen Leben zu trennen. (Kein Mensch nahm davon Notiz.)

Sokrates (469–399 v. Chr.)

Diese rätselhafte Person ist hauptsächlich aus den Werken Platons bekannt, der behauptete, seine Gedanken und Ansichten aufgezeichnet zu haben. Anscheinend bevorzugte er die dialektische Argumentationsweise, bei der eine These zunächst durch eine Antithese infrage gestellt wird. Das Ergebnis ist eine Synthese der beiden Positionen, die dann aber ebenfalls wieder angefochten werden kann. Seine Methode ist mit der des Gedankenexperiments also eng verwandt.

Ludwig Wittgenstein (1889–1951)

Er ist das *Enfant terrible* der Gedankenexperimente. Anfangs war er strikt gegen derartige Versuche, das Unbeschreibliche zu beschreiben. Später jedoch gelangte er zu der Ansicht, dass die Kunst der Kommunikation, ganz zu schweigen von der Philosophie, derartige Annäherungen an die Wirklichkeit dringend nötig hat, und er selbst produzierte eine große Anzahl von ihnen.

Die übrigen Philosophen, die im Text erwähnt werden, sind Akademiker, die aktuell (oder zumindest in neuerer Zeit) über Gedankenexperimente publizieren oder selbst welche ausprobieren:

- James Brown
- Daniel Dennett
- Brian Ellis
- Carol Gilligan
- Martin Hollis
- Tamara Horowitz
- Alisdair McIntyre
- John Norton
- Warren Quinn
- Anthony Quinton
- Richard Rorty
- John Searle
- Peter Strawson
- Judith Jarvis Thompson
- Bernard Williams

Zitatnachweis

A für Alice

Lewis Carroll: *Alice im Wunderland*, Arena Verlag, Würzburg 1995, übersetzt von Lieselotte Remané mit Nachdichtungen von Martin Remané; Zitate: S. 9 f., S. 7.

B für Bewegungslose Kette

Zitat von Ernst Mach nicht wörtlich übernommen.

D für den Maxwellschen Dämon

Zitate von L. G. Gouy und C. P. Snow nicht wörtlich übernommen.

E für Evolution

Charles Darwin: *Über die Entstehung der Arten.*

In: Charles Darwin: *Gesammelte Werke.* Verlag Zweitausendeins, Frankfurt a. M. nach Übersetzungen aus dem Englischen von J. Victor Carus; Zitate: S. 421 und S. 424.

F für Farbabstufungen

David Hume: *Eine Untersuchung über den menschlichen Verstand.* Philipp Reclam jun. GmbH & Co. KG, Stuttgart, 1967. Übersetzt und herausgegeben von

Herbert Herring; Zitat 1 und 4: S. 35 f.; Zitat 3: S. 34 f.; Zitat 2: S. 33 f.

G für Galilei

Galileo Galilei: *Unterredungen und mathematische Demonstrationen über zwei neue Wissenszweige, die Mechanik und die Fallgesetze betreffend.* Aus dem Italienischen und Lateinischen übersetzt und herausgegeben von A. von Oettingen, Vorwort von J. Hamel. Aus der Reihe *Ostwalds Klassiker der exakten Wissenschaften*, Band 11, Wissenschaftlicher Verlag Harri Deutsch GmbH, Frankfurt am Main, 2007; Zitat: S. 57 ff.

H für Identität

Briefe von Leibniz nicht wörtlich übernommen.

J für Geometrie

Zitat von Henri Poincaré nicht wörtlich übernommen.

K für den katholischen Kannibalen

Bertrand Russell: *Philosophie des Abendlandes.* Europa Verlag AG, Zürich, 1950, limitierte Sonderausgabe für Parkland Verlag, Köln, 1999; Zitat: S. 471.

L für Lukrez

Lukrez: *Über die Natur der Dinge* in der Übersetzung von Hermann Diels, 1924; gefunden unter: http://www.textlog.de/lukrez-natur-unendliche.html.

N für Newtons Eimer

Zitate nicht wörtlich übernommen.

Q für Quotidiennes

Roger-Pol Droit: *Fünf Minuten Ewigkeit. 101 philosophische Alltagsexperimente.* Wilhelm Heyne Verlag, München (2. Auflage, 2004), aus dem Französischen übersetzt von Hainer Kober; Zitate: Seite 20 f. und Seite 24 f.

R für Regeln

John R. Searle: „Geist, Gehirn, Programm" in: Douglas R. Hofstadter und Daniel C. Dennett: *Einsicht ins Ich. Fantasien und Reflexionen über Selbst und Seele.* Klett-Cotta, Stuttgart (2. Auflage, 1986), aus dem Amerikanischen übersetzt von Ulrich Enderwitz; Beschreibung des Chinesischen Zimmers: Seite 337-356, aber keine wörtlichen Zitate.

Gottfried Wilhelm Leibniz: *Monadologie*. Reclam-Verlag, Stuttgart 1954, neu übersetzt, eingeleitet und erläutert von Hermann Glockner; Zitat: Seite 14 f.

S für Salviatis Schiff

Galileo Galilei: *Dialog über die beiden hauptsächlichen Weltsysteme*. Wissenschaftliche Buchgesellschaft Darmstadt, B. G. Teubner, Stuttgart 1982; aus dem Italienischen übersetzt von Emil Strauß; Zitat: S. 197 f.

T für Tausch von Körpern

Zitate nicht wörtlich übernommen.

U für Universum

Paul A. Schilpp (Hrsg.): *Albert Einstein als Philosoph und Naturforscher.* W. Kohlhammer Verlag, Stuttgart, 1979, unveränderter Nachdruck von Vieweg Verlag, Braunschweig, Wiesbaden 1979; Zitat: Seite 20.

V für Vernunft

Immanuel Kant: *Kritik der reinen Vernunft* (2. Auflage, 1787), Projekt Gutenberg (gutenberg.spiegel.de); Zitate aus den Kapiteln: *Vorrede zur Zweiten Auflage; Der Antinomie der reinen Vernunft Zweiter Abschnitt: Widerstreit der transzendentalen Ideen; Der Antinomie der reinen Vernunft Dritter Abschnitt: Von dem Interesse der Vernunft bei diesem ihrem Widerstreite.*

W für Wittgensteins Käfer

Ludwig Wittgenstein: *Philosophische Untersuchungen*. Suhrkamp Verlag, Frankfurt, 2003; Zitat: Absatz 293 auf den Seiten 163 f.

X für Xenophanes

Xenophanes: *Fragmente*. In der Übersetzung von Hermann Diels, Berlin 1922; gefunden unter: http://www.zeno.org/Philosophie/M/Xenophanes+aus+Kolophon/Fragmente/Aus+den+Sillen und: http://www.zeno.org/Philosophie/M/Xenophanes+aus+Kolophon/Fragmente/Aus%3A+%C3%9Cber+die+Natur.

Y für mYsterium des Zeno

Zitate nicht wörtlich übernommen.

Who is who

David Hume

Bertrand Russell: *Philosophie des Abendlandes*. Europa Verlag AG, Zürich, 1950, limitierte Sonderausgabe für Parkland Verlag, Köln, 1999; Zitat: S. 668.